教育哲学の現場

物語りの此岸から

西村拓生——[著]

東京大学出版会

Narratives of Education:
In-Between Philosophy and Realities
Takuo NISHIMURA
University of Tokyo Press, 2013
ISBN 978-4-13-051325-8

教育哲学の現場——物語りの此岸から　目次

初出一覧

第1章　和田修二・皇紀夫・矢野智司編『ランゲフェルト教育学との対話――「子どもの人間学」への応答』玉川大学出版部、二〇一一年、一〇〇―一二三頁。

第2章　西平直編著『講座ケア第3巻　ケアと人間――心理・教育・宗教』ミネルヴァ書房、二〇一三年（予定）のために書かれたものであるが、この書の出版が大幅に遅れたため、編者・出版社の了解を得て、本書に先に収録させていただいた。

第3章　山﨑高哉編『応答する教育哲学』ナカニシヤ出版、二〇〇三年、一二〇―一四〇頁。原題・「教育における「公」と「私」をめぐるアリストテレス」。

第4章　『人間文化研究科年報』第一九号、奈良女子大学大学院人間文化研究科、二〇〇四年、二八一―二九六頁。原題・「「臨床教育学」的授業研究の試み（1）――大学と附属校園の協働のために」。

第5章　『教育システム研究』第三号、奈良女子大学教育システム研究開発センター、二〇〇七年、五一―一七頁。原題・「物語り論から教育研究へ――「臨床教育学」的授業研究の試み（2）」。

第6章　皇紀夫編著『「人間と教育」を語り直す――教育研究へのいざない』ミネルヴァ書房、二〇一二年、六九―九二頁。

第7章　『教育哲学研究』第一〇四号、教育哲学会、二〇一一年、五六―七六頁。

第8章　『教育哲学研究』一〇〇号記念特別号、教育哲学会、二〇〇九年、三四四―三六〇頁。原題・「何が「論じられなかった」のか――教育哲学会の思想史のための一つの予備的スケッチ」。

※いずれも本書への収録に際して書き直しを行っている。

後書き風の前書き——教育哲学と教育現実

奈良女子大学に赴任する前、富山県立大学に勤務していた頃に、同い年の化学専攻の同僚がいた。ある時、一緒に飲んでいると、彼も私も父親が高校の教師だった、という話題から、彼がこんなことを話してくれた。「あのね、西村さんには悪いのだけれど、高校時代に父からね、研究者になるんだったら何をやってもいいけれど、教育学者だけはやめとけって言われたことがあったんだよ」。なるほど——。

そういえば、こんなこともあった。私自身は、高校生らしい素朴な志を抱いて、教育学の研究者になりたいと考えて京都大学の教育学部に入学した。その新入生歓迎コンパだったか、あるいは某セクトにオルグされている最中だったか、意気盛んな私に、学部の先輩の大学院生がニコニコしながら、こんなことを宣った。「西村君ね、世の中で最も信用されていない学者はね、政治学者と教育学者なんだよ」。今なら、「世の中って何ですか」、「信用されるってどういうことですか」と問い返すところだが、当時は絶句するしかなかった。

それでガッカリして進路変更を考えることはなかったけれど、学び始めた教育学という学問は、たしかに高校生の素朴な期待とは異なるものだった。で、その後、二〇歳代の終わりまで、私は何度か教育学の研究から逃亡を企てた。が、結局とどまって、今に至っている。

教育学部の中で選んだのは哲学・歴史系のコースだった。もともと哲学好きという理由が大きかったものの、教育学につきまとう実践的有効性の要請（世の中から信用されること？）のようなものから敢えて距離をおいて、ラディカルに考えたい、という志向もあったと思う。当時、京大教育学部では和田修二先生、岡田渥美先生、山﨑高哉先生という三巨頭が一緒に教育哲学・西洋教育史の合同ゼミをもっておられて、私は一貫してこのゼミで育てていただいた。この合同ゼミの体制の故か、当初は哲学と歴史という二つのディシプリンの関係や差異を強く意識することはなかったが（後に懐くようになった問題意識は本書の第7章で論じることになる）、院生時代の私は、自分の専門は教育「思想史」である、と自認していた。教育「哲学」というと、たとえ教育方法学や教育心理学ではなくとも、やはり教育現実への応答を避けるわけにはいかない、それに対して思想史は、さしあたりそのような応答責任から逃れることが許される「迂回路」だ——漠然とそんな風に考えていた。迂回したまま戻らない、逃走路となる可能性も感じながら。

私の研究テーマは、学生時代から今まで、美的教育論の系譜の思想史的検討である。リードやシラーの美的教育論を読んで論文を書くことが、今の日本の教育に直接つながるとは、なかなか思えなかった。修士論文の口頭試問の際に、「到達度評価」の権威であった稲葉宏雄先生から、「今時こういう美的教育論の研究をして、いったいどんな意義があるのだね」と問われて、その問いの口調にも（すみません！）、答えた自分の言葉にも、とても納得がいかなかったことを思い出す。二〇歳代が思い出したくもないほどしんどかったのは、研究の厳しさや、それで食って行かれる展望が懐けなかったからだけではない。

しかし、幸い大学での常勤の職に就くことができた時に、もはや逃げたり躊躇したりしていることができなくなった。教師や保育者を志す学生さんたちに、また現場の教師や保育者の人たちに、自分自身がアクチュアリティを感じられない、おざなりな言葉を語ることは苦痛で、できなかった。だとすれば、今、ここで考えられるべきと思うことを、思想史でも哲学でもいい、手持ちの学びを総動員して自分でできる限り考えてみて、それを語る以外にはなかった。今にして思えば、おそらくとても幸運なことに、そうやってラディカルに考えることが求められていた（と私は思った）現場——それは子育て支援だったり、NPOによる学校づくりだったり、授業研究や教師教育だったりした——と、私の言葉に耳を傾けてくれる協働者との出会いに、私は次々に恵まれてきた。そしてまた、そこで考えたこと、語ったことを何らかのかたちで活字にする機会にも恵まれた。

この本を構成している論考は、そうやって、その都度の必要に迫られて書かれたものである。実のところ、少し前までは、それらをまとめて本にするなどということは思いもよらなかった。そんな大それたことを考えるようになったのには二つの理由がある。

一つは、私が身を置いているいくつかの学会で、ここ数年、それぞれのディシプリンの存在意義をめぐる自己省察が行なわれ、その中で何度か、研究者としての自らの構えを対象化して表明する機会を与えられたからである。これらの学会レベルでの学問的自己省察が行われた背景には、教育哲学や教育思想史のような学問が教育の「現実」から（かつてにも増して？）疎外され、その結果、存立すら危うくなりつつある、という状況認識があった。学生時代、教育「哲学」に確信をもてなかった自分ではあるが、この状況はとてもマズイと思われた。やっぱり教育哲学は必要ではないだろうか。でも、だとしたら必要なのは、どんな「哲学」なのだろう。――翻って、自分がたまたま直面した現場でその都度ブリコラージュのようにやってきた仕事を振り返ってみると、それが教育哲学という営みの一つのかたちである、と言えないこともないと思われた。もちろん、そんなことは、普通は手前一人で納得したり反省したりしていればいいことではある。けれども、上述のような状況の中で、若い世代の教育哲学研究者の人たちが、学問的アイデンティティという点でも、この研究をしていて食って行かれるか、という制度的な面でも、私たちの若手時代以上に苦境にあることが、とても気になる。そういう彼ら彼女らに対して、「こんなスタイルもあるんだけど、どうでしょう?」と提起してみることを通じて、ささやかなエールを送りたいと思うようになった、というのが一つの理由である。

そしてもう一つは、敬愛する先達である西平直さんと矢野智司さんが背中を押してくださったからである。

以上のような成り立ちと趣旨の本なので、普通だったら後書きで書かれるべき、オリジナルの論考のコンテクストを、敢えてあらかじめ前書きで提示しておきたいと思う。

京大で助手を勤めた後、最初に常勤の職を得たのが、福井県内で唯一の保育士養成校であった仁愛女子短期大学幼児教育学科だった。当時、保育の世界では「エンゼルプラン」なる少子化対策が打ち出され、子育て支援が喫緊の課題となり始めていた。そこで駆け出しの私にもお声がかかり、鯖江市の保育研究部会(市内の公私立保育所の主任クラスの保育士の方々が集まった研究会)に助言者として参加させていただき、三年半にわたって鯖江市の子育て支援ネットワークの構築に参与する機会に恵まれた。また、自分が結婚して、親になったのも、ちょうどその間だった。第1章の「「子どもが忌避される時代」に教育に踏みとどまるために」を書いたのは、ずっと後ではあるが、そこでの問いは、この福井時代から未解決のまま抱え続けてきたものである。この論考は、鯖江の保育士の皆さんや仁愛の学生さんたちへの十数年遅れの応答であり、また文字通り「いのちがけ」で娘を産んでくれて、一緒に子育てをしてきた妻への返歌でもある。

福井の後、富山県立大学を経て奈良女子大学に赴任した直後から、京田辺での「親と教師による」シュタイナー学校づくりに参加することになった。その際、私は自分の立場を、シュタイナー教育を唱導する教育学者としてではなく、教室での教師の営みを外から支える一人の保護者としての役割に厳しく限定した（そのことの実践的・理論的な理由については、今は立ち入らない）。二〇〇三〜〇五年には運営母体のNPO法人の代表理事も務めた。一切の公的サポート無しにゼロから学校をつくって運営する活動は、学校や教育の自明性を根底から問い直す契機に満ちていたが、中でも参加費（授業料）をめぐる葛藤は、実際的に死活問題だったのみならず、原理的にも重大な問いをはらんでいた。第2章の「教育におけるケアと公共性」は、京田辺での学校づくりの仲間に向けて自分たちの試行錯誤の経緯を整理して確認するために、そして新たに学校づくりに参加してくる若いお父さんお母さんたちに対して自分たちの経験を伝えたくて、畏友吉田敦彦さんと共に書いた覚書がもとになっている。

第3章の「「教育的」公共性のアポリアと〈アリストテレス〉」は、二〇〇二年に筑波で開催された教育哲学会第四五回大会のシンポジウムでの報告を論文にしたものである。一九九〇年代から教育学では公共性が一つの重要なテーマとなっていたが（その背景については本書の第6章でも論じている）、その時は宮寺晃夫先生の主唱で、このテーマに「教育哲学会らしく」アプローチして、アリストテレスの『政治学』第八巻第一章の解釈を通じて議論しよう、という趣旨のシンポジウムだった。本書第I部の三つの論考の中では最も早く、かつ学会のために書かれた、抽象度の高い論文ではある。だが、背後にあったのは、前述のシュタイナー学校づくりを通じて懐いていた、かなり具体的で切実な問いであった。それと、美的教育論の思想史研究において気になっていた「美と公共性」という主題とを対質させようとした試みである。

奈良女子大学に移ったのが二〇〇〇年。文学部の中の教育学の講座なので、これからはブンガクブらしく地道な思想史学者として生きて行こう、などと思って赴任したのだが、そうは問屋が卸さなかった。二〇〇一年、文部科学省の「国立の教員養成系大学・学部の在り方に関する懇談会」が、奈良女子大学のような非教員養成系の一般大学の附属学校は原則として廃止する、という方針を出した。大正自由教育以来の伝統を今日まで保持している無形文化財のような奈良女の附属をむざむざ潰すわけにいかない、と考えた私は、「本学が大学全体として附属学校を必要とする」担保として、当時は文学部附属だった幼稚園、小学校、中等教育学校を全学附属に改組しつつ、「附属を活用して」教育研究を遂行する研究センターを立ち上げるための全学委員長を引き受けた。慣れない学内行政と対文科省の交渉を経て研究センターを立ち上げてみると、今度は自ら率先して附属をフィールドとする研究を行なわなければならなかった。最初は教育心理学の同僚に弟子入りして授業研究の真似事などしてみたものの、どうもしっくりこない。

その時、「これなら」と考えたのが、京大での助手時代、和田修二先生、皇紀夫先生（そして河合隼雄先生）が新しい専攻を立ち上げられたのを横目で見ていた「臨床教育学」の方法論だった。当時、皇先生が精力的に理論化を進めておられた解釈学的な臨床教育学は、私には唯一、原理的に納得できる教育の「現実」へのアプローチのように思われた。そのように考えた背景には、矢野智司さんを中心に続けていた「物語研究会」（その成果は『物語の臨界——「物語ること」の教育学』世織書房、二〇〇三年にまとめられている）で学んできたこと、そして自分のシラー研究の中での「仮象」概念への強い関心があったことは間違いない。本家の京大では「教育問題」に直面した教師の教育相談場面に限定されていた方法論を、敢えて授業研究、実践研究に拡大したのは、「横目で見ていた」傍流意識故の気楽さではあったが、そんな無茶なことができたのは、私の思いつきに面白がって耳を傾けて、協働してくれる附属学校の同僚——特にお名前を挙げて感謝したいのは、小学校の金津琢也教諭（現・東海学園大学）、中等教育学校の岩城裕之教諭（現・呉工業高等専門学校）、鮫島京一教諭——がいたからである。第4章「解釈学的「臨床教育学」のアクチュアリティ」と第5章「物語り論から教育研究へ」は、その人たちに読んでもらいたくて書いたものだった。

他方、第6章の「教育の制度と物語り」は、大学の授業で語っていることをまとめたものである。専門科目の教育史概論以外に、教職論、教育原理といった教職科目でも、私は必ず近現代日本の教育史の概略と、それを何故「そのように」語るのかというメタ理論とを授業に織り込んでいる。その理由は本文に委ねることとして、それを論考にまとめたきっかけは、皇紀夫先生の編によるテキストの分担執筆であった。その際に私は、教育哲学からは最も距離があるように感じられる教育の「制度」に関する章を敢えて担当した。物語り論的、解釈学的な方法論的立場が、教育相談や授業研究における「語り直し」実践にとどまらず、制度や政治や権力といった、教育を規定するハードな枠組みに如何にアプローチすることができるのかを確認しておきたい、という理論的関心と同時に、教職を志望する若い人たちに教育の歴史を「そのように」語り残しておくことが、或る時代の記憶をもっている世代の責務のようにも感じられたからである。

第Ⅲ部の二つの論文は、第Ⅱ部までとは異なり、教育哲学会というギルド内部に向けて書いて、いずれも学会誌に掲載されたものである。コンテクストに関して多くの説明は不要かもしれない。初出の事情だけ簡単に述べておくと、第7章**「歴史の物語り論と教育哲学」**は、『教育哲学研究』第一〇四号（二〇一一年）の特集「教育哲学と歴史」に収載された論文である。この特集で私にお鉢が回ってきたのは、その三年ほど前に教育思想史学会の大会で松浦良充さんと共に、教育思想史研究の意義を問い直すシンポジウム（「検証：思想運動としての教育思想史学会――私たちには何ができたのか／できなかったのか」）を仕掛けた経緯があったからだと思われる。第8章**「教育哲学と政治／実践／ポストモダニズム」**は、最初、『教育哲学研究』一〇〇号記念特別号（二〇〇九年）に「何が「論じられなかった」のか――教育哲学会の思想史のための一つの予備的スケッチ」というタイトルで書いたものである。この記念号の編集ワーキング・グループで「語られざるテーマ」に関する章を設けようと言い出したのは私だった。本文中で触れた矢野智司さんの言葉が気になっていたからである。で、言い出しっぺが書くことになった。

それ以外にも、二〇〇六年のシンポジウム「哲学研究と教育研究――その乖離と邂逅」で報告者を務めたり、二〇〇八年、田中毎実さん発案の「教育研究のなかの教育哲学――その位置とアイデンティティを問う」というシンポジウムの司会者をさせていただいたり、ここ数年、学会の自己省察に関与させていただく機会に恵まれた。それらを通じて私は、自分が手さぐりでやってきた仕事を、いわば「後付け」という意味でメタ理論的に反省することができた。そうやって振り返ってみると、自分一人の個人的性向と思っていた構えが、実は或る時代的、思想的な状況に根ざした必然であるようにも思われてきた。それをここで端的に言うのは難しいので本文を読んでいただくしかないが、強いて乱暴に言えば、私（たち？）はポストモダニズムの時代、あるいは見田宗介の言う「虚構の時代」に研究者として育ってきたが故に、教育の「現実」なるものの仮象性を強く意識することになった、ということである。それが、ポストモダニズムを経て、もはや引き返すことのできない原理的な出発点なのか、それとも、それもまた時代的制約を強く帯びた仮象に過ぎないのかは、今は問わない。いずれにしても、前者であれば、それは繰り返し語られるべきであろうし、後者であっても、かつてそのような思想的傾向があった、という史料をわかりやすく表示しておくことには意味があるだろう。それはそれで、先に教職教育に関して書いたこととは別の理論的水準での、一つの世代の責務のように感じている。

最後に、「物語の此岸から」という副題について一言。さしあたりそれは、「物語の外部はない」という物語り論の前提から、あくまで「今、ここの場で」、「現場から」語られた論考、という意味である。同時にしかし、にもかかわらず、その意味での「此岸」から秘かに物語の「彼岸」を希求する、という意味もこめられている。ただし、その希求が如何なるものかを明示的に語るのは、後日また別の物語りになる。

I——「わが子への願い」と教育的公共性

第1章――「子どもが忌避される時代」に教育に踏みとどまるために

ランゲフェルトの「おとなであることの意味」を受け取り直す

1 ユダヤ人少女のエピソード

第二次世界大戦後のドイツ・オランダ系の教育哲学・教育人間学を代表する教育学者の一人、M・J・ランゲフェルトが来日した折、「おとなであることの意味」と題された講演で、ナチスの強制収容所での一人のユダヤ人少女のエピソードが語られた。当時一一歳だったその少女は、第二次世界大戦の末年、目の前で父親を殺され、母と妹と共に強制収容所に送られた。妹も死に、わずかな食物をすべて子どもに与えてしまった母親も衰弱して死に瀕していたが、ある時、かすかに眼を開いて言った。「私はもうすぐ死ぬでしょう、ヤニナ。でも、おまえとずっと一緒にいられて私は幸福だったよ」と。――「この母親の言葉にはたして然るべき答なぞあるのだろうか」とランゲフェルトは問いかける。――しかし、この少女は「答えた」。「お母さん、大きくなったら私も子どもを生む！　そして、みんなで幸福になる！」と。

戦争は終わり、一六歳になって、深い精神的葛藤に陥った彼女は、養父母からランゲフェルトのもとに送られてきた。彼女は「あれから世の中についていろんなことをたくさん見てきたので、もう自分たちが間違いなく幸福になれるという確信がもてない」と言った。数日間の対話の後、彼女は、母親に対する自分の言葉は、自分が生き続け、人生を創造的な課題として積極的に生きてゆく、という「約束」だったのだ、と気づいた。ランゲフェルトは言う。彼女は母親に対して、「自分が子どもを生むことを一つの課題と考えた」と同時に、それを「愛と幸福の一つの形見としても考えていたと言ってよいことを、理解したのである」。「死んでゆく母親に直面した時、彼女にすばらしい、成熟した、真摯な答えをさせたのは、愛であった。そして、彼女が後になって母親にああ言うべきだったかどうかを疑い始めた時、彼女はまた何と真摯であったことか」と。——そして彼女はその後、「人生の最も本質的な場面で立派に成熟した人間であることを証明した」という。つまり「彼女は母親となり、自分の子どもたちのよき教育者となったのである[1]」。

この印象的なエピソードによって、ランゲフェルトは何を語ろうとしたのだろうか。講演では次のように述べられていた。「われわれの生活がそのまま、われわれに先立つ人々によって、われわれに与えられてきた愛に対するわれわれの返答であり、……人間に生ずる人生の意味に対する疑問への実質的な回答となるように、われわれの生活の責任をわれわれ自身に引き受けたのだ[2]」。「人生の意味に対する疑問への実質的な回答」。——学生時代に初めてこの部分を読んだ時（残念ながら筆者はランゲフェルトの謦咳に接することはできなかった世代である）、筆者には、ここにランゲフェルトの思想の核心があると思われた。その趣意は既に、和田修二によって次のようにきわめて明晰に解説されてもいた。

「われわれが理性的に考えるものとして、まがりなりにも今あることができるのは、他ならぬこの不条理で不確実な世の中で、それにもかかわらず再び子どもを産み、育てようとした人々の、非合理的な選択と献身があったからである。したがってランゲフェルドは、この両親や教育者たちの子どもに対する献身と、それを支える「無私的な愛」が、……人間的な生の究極の意味であって、この愛に基づく教育こそ何故自分が生まれたのかという問いへの事実的な回答だというのである」[3]。

この解説を読んで筆者は、上述のエピソードの趣意を理解したと思った。思ったのだが、にもかかわらず、このエピソードは筆者には、思想の単なる絵解きには解消できない謎のように、なぜか心の中にとどまり続けた。そうして、教育や子育てについて拙いながらも省察することを生業とし、また自ら親にもなる過程で、このエピソードはずっと心の中にひっかかっていて、いつか自ら受け取り直さねばならない、と感じていた。自分にとって今がその機かどうかは、わからないが、ここで敢えてそれを試みてみたい。筆者にそれを促したのは、現在の日本社会における子育てと教育の状況である。

2　親の「自己実現」の障害／手段としての子ども——現代日本の子育ての様相

現在の日本社会では、子育てや教育をめぐる意識が大きく変化しているように思われる。もちろん、子育て意識や教育意識が歴史的に変化するものであることは、後述するように近年の社会史研究の成果として既に常識であり、驚くべきことではないが、筆者が深刻な問題意識を懐いているのは、現在私たちが直面している変化が、教育をめぐる私たちのあらゆる努力を根底から掘り崩してしまうような質のものであると思われる点である。

子育ては今日、しばしば少子化問題や児童虐待問題の文脈で論じられる。合計特殊出生率の低下が問題とされるようになって久しい。また近年、親による児童虐待の悲惨なケースが頻繁にマスコミに報じられる。これらの問題の実状や原因を実証的に分析する能力を筆者はもっていないが、論理的に考えて、そこには大きく二つの要因があるはずである。一つは、経済的困窮や物理的環境が出産や子育てを妨げているであろう、ということ。たとえば日本経済の不振や社会階層間の経済的格差の拡大、そして女性の就労率の上昇に対応できない保育システムの現状など。これらの経済的・物理的な阻害要因は（現在の日本の財政状況を考えると実際的には容易ではないものの）金銭と制度改革によって解決可能である。しかしもう一つ、子育てをめぐる意識の変化が、要因として考えられる。たとえば、子育ての「意味」が根本的に変化しているとしたら、どれほど「子ども手当て」を配り、保育所を拡充し、子育て支援のメニューを取り揃えたところで、出産・子育ては「選ばれ」ないだろう。児童虐待についても然り。子どもの生命が貧困の犠牲になることは、どんな時代にも皆無ではなかっただろう。しかし、たとえば、今よりはるかに貧しかったはずの昭和の日本では報告されなかったような虐待が、今日、相対的に見たら「豊か」であるはずの社会で報じられている。これは、子育て意識の変化を考慮に入れなければ説明のつかない現象である。

この意識の変化は、出産・子育ての非選択・忌避や虐待といった、あからさまに否定的な現象だけでなく、一般的な子育てのあり方にも明瞭に現われている。一例を挙げれば、ジャーナリストの石川結貴が、のべ四〇〇〇人の母親を取材して、近年の子育て家庭の状況を報告している[4]。石川は、多くの母親にとって今、如何に人と違った子育てをして周囲から評価されるかが関心事になっている、と指摘する。子育てが自己主張の手段となっているが故に、保育の現場では、ささいな行き違いでも母親は自分が否定されたと感じ、容易にモンスターペアレント化する。その一方で、石川によれば、そうした母親たちの子育てのあり方は「気分」と「感覚」に左右される安直なものになっている、という。たとえば食事は、簡単で、便利で、栄養さえ確保できればいい、という「コンビニ育児」。面倒だったり無理があったり、ストレスがたまることは避けたい。息抜きのために半日程度、子どもを家に残して出かける「ぷちネグレクト」。「無理してしつけるのは疲れる」から、「自然にできるまで待った方がいい」と開き直る。イライラしてストレスをためるよりは、子どもを一発殴って自分がすっきりした方が「子どものためだ」という理屈で体罰を正当化する。「簡単、便利、快適を求めるコンビニ育児では楽なことが正しく、真面目さや努力は敬遠される。合理的、効率的な方法が選ばれ、またそうした選択をすることが「賢い」と考えられている。……これが高じれば、自分で育てるよりは他人に育ててもらった方が楽、自分でしつけるよりは保育園でしつけてもらいたい、自分で面倒見きれないから学校に全てお任せ、となっていくだろう」[5]と石川は述べている。

石川の報告は、ジャーナリストとして極端な問題事例を取り上げているのではないか、と疑う向きもあるかもしれない。しかし、かつて保育士養成校で仕事をしつつ「子育て支援」事業に携わり、現在も行政との協働を通じて家庭や子育ての現状に触れる機会がある筆者の実感も、石川のそれと遠いものではない。現在の日本社会では、子育ては、一方では親の「自己実現」の障害として疎かにされ、他方では親の「自己表現」「自己主張」の手段とされる、そのような風潮が強まっているように思われる。

そうして育てられた子どもたちの現状がどうなっているか。石川の報告の一部を紹介するならば、まず、基本的な生活体験が欠如していて、手を使うことができない。幼稚園で水道の蛇口をひねれない子どもが増えている。小学校になっても着替えのできない子どもも多い。排泄後に自分のお尻を拭けない。噛むのが面倒だから固いものは食べない、等々。幼児のうちから大人を冷笑するような態度をとるが、他方で「見捨てられ不安」が強く、友人同士で「神経戦」を繰り広げる一方、極端な自己主張に走る「オレ様」中学生も現われている。このような子どもたちの状況が、保育や学校教育の現場にどのような困難をもたらしているかは、あらためて論じるまでもないだろう。教育をめぐるあらゆる努力を根底から掘り崩してしまう、と述べた所以である。

注目すべきは、このような子どもたちの育ちの問題が、子どもの教育に対する親の無関心の結果だけではなく、むしろ関心の強さによっても生じている、という点である。石川は、「コンビニ育児」に走る親の一方で、「我が子を勝ち組にしようと懸命な親も増えている」と指摘する。早期教育や「お受験」に熱心な親の存在は今に始まったことではないが、「ブランド校」を目指す幼児期からの競争はますます激化している。それを端的に示すのが、近年相次いで創刊され、人気を集めている『日経 Kids+』『プレジデント Family』『AERA with Kids』といった「キッズ雑誌」である。そこには「頭のいい親子の勉強法」「頭のいい子の生活習慣」といったマニュアルやノウハウが満載である。特徴的なのは、前二者はもともとエグゼクティブ志向のビジネスマン向けメディアの別冊として出されている点である。そこには、子育てや教育が親と子どもの「成功」に短絡している状況が端的に現われていると同時に、それがビジネス戦略とも結びついていることが見て取れる。これらの雑誌を読む親は教育産業、子育て産業の絶好の顧客である。雑誌の記事も広告も「お客様」のご機嫌をとりながら、その欲望を喚起する。同様の共依存関係は国の「子育て支援」にも見ることができる。保育行政の方向性は「長く、早く、都合よく」へと向かっている。保育現場ではそれに疑問を唱える声が少なくないにもかかわらず、結局その方向が強化される大義名分は、「女性の社会進出支援」である。石川はしかし、この決まり文句の背後に、「女性にできるだけ長時間働いてもらい、税金を納めてもらい、将来の労働力である子どもを産み育ててもらい、経済成長や社会保障システムを維持してもらう、つまり「国のために」というもうひとつの、隠れたメッセージがある」[6]と指摘している。

現代日本の子育ての状況について、本田和子は次のように述べている。「二〇世紀が「子ども中心思想」と「子どものための諸営為」が中心化された時代であったとするならば、訪れた今世紀はその反動のように「子ども忌避」の心性に支配され、「子ども存在」の無意味さが強調される時代へと、推移しつつある」[7]と。本田の言う「子ども忌避」の心性の現われは、少子化の直接の要因である、子どもを「持たない」選択をする人々の増加だけではない。上述のように、熱心に子育てをしながら、それを自己実現の手段としてしまっている人々もまた同じである。それ自体に価値や意味や尊厳が認められているものは、一面的に手段化できないはずである。本田の言う「子ども存在」の無意味さの故にこそ、それは「手段」とされ得るのである。その意味で、「子どもが忌避される時代」は、より正確には「子どもへのニヒリズムの時代」と称すべきかもしれない。

3 子育ての「近代」の隘路――「女性」の立場と「子ども」の立場の撞着

さて、このような状況に、私たちは如何に向き合うべきだろうか。石川の報告しているような多くの事例は言語道断である、と感じる向きも多いだろう。しかし、それに対してただ「親の責任」や「あるべき子育て・教育」を説く、という応じ方に、もはや私たちはとどまることができないと思われる。そのような「あるべき」論が子育て世代の若い親たちには「届かない」という実際的な困難はひとまず措くとして、一つには、上述のような子育て意識、教育意識の変化を、心性の大きな歴史的変動の一環として理解して、その要因を見極めることなしには、それに対する有効な実践的アプローチは不可能だからである。さらに、そのような視点は、自らの「あるべき」論そのものも歴史的に相対化せずにはいられない。とりわけ近年の女性学の成果は、子育てをめぐる「あるべき」論が、歴史的に女性を抑圧するイデオロギー装置としても機能してきたことを喝破している。それらの批判に耳を傾けながらも、歴史主義の陥穽――相対化がもたらすニヒリズム――に陥らずに、敢えて「あるべき」子育てや教育を問うこと、論じることは、如何に可能だろうか。

上述の著作において本田和子は次のように述べている。「時として、「産み育てる」主体、すなわち適齢期の男女が、「産み育てる」ことへの決定権を行使することへの批判が噴出する。とりわけ、「産み育てる」という聖なる営みを自己選択の圏内に押し込め、費用対効果という尺度で図ろうとするかにさえ見える女性たちの意識のありように対して、社会の底流に潜在する批判と非難が、時を得顔に溢れだすことさえある。しかし、問題をそのレベルに位置づけてしまってはなるまい。根は、深く、広く、私たちすべての人の意識下にはびこっているのだから」[8]。このように述べて本田は、あらためて子どもの「意味」の歴史的変遷を検討して、「私たちの意識下にはびこっている」問題の「根」を洗い出そうと試みている。しばらく本田の議論に傾聴してみよう。

本田は、子どもの「意味」がもっぱら「家」の維持継承にあった近代以前の伝統的社会から説き起こしている。明治以降、家制度が国民国家に組み込まれることによって、子どもの存在は「家」のためと同時に「国家」のためのもの、「国家の資源」として位置づけ直された。そこでは、子どもを産み育てることは、夫婦の私的営みを超えた公的な再生産行為であった。戦時中の「産めよ殖やせよ」というスローガンが、そのことを端的に示していた。それに対して、「結婚は両性の合意による」と規定した新憲法下、子どもは、その合意した男女の「愛の結晶」とされ、それ故に「親」となった男女は、その「愛の結晶」を育てために努力する――はずである、と想定された。しかしそれは、本田によれば「愛情神話」に過ぎなかった、という。結婚の意味が「家の存続」から「両性の愛」に変わる結婚の近代化の過程を経た先進諸国は、いずれも今、「少子化」問題に直面している。それは、夫婦の「愛の結晶」としての子ども、「夫婦愛の具体的表現」としての子育て、という観念が、実は虚構の「神話」であり、もはや子育てに伴う苦労や忍耐を持ちこたえるに足るものではなくなっているからだ、と本田は見る[9]。

では、本田の言うところの「愛情神話」が、その虚構性にもかかわらず、これまで私たちにとって強固な自明性をもっていたのは何故か。それは、近代社会が、その構成単位としての「家族」と、家族の維持要因としての「子ども」を不可欠としたからに他ならない、というのが、近年の家族社会学や女性学の見解である。その観点からは、「愛情神話」は近代社会を支えるイデオロギーであった、ということになる。中でも、「母性愛」と呼ばれる特別な愛情に関して、それは歴史的に形成された制度に過ぎない、という主張と異議申し立てが「多くの女性たちの賛同を得て、広く流通していった」。「女性たちが、「母性愛」が本能ではないと気づいたならば、それを知的学習によって補おうと願い、そのためのマニュアル入手に狂奔したとしても、また、子育てに関して打算的とも見える計画性を発揮したとしても、それを咎め立てすることは不当であろう[10]」と本田は述べる。

以上のような本田の見方に従うならば、近年の子育て意識の変化は必然的である。夫婦の子育てが制度であり、「母性愛」がイデオロギーだとしたら、それが社会状況に応じて変化するのは当然である。女性が「従来の家事・育児の無償労働者的地位を返上し、ふさわしい報酬を基盤として自分の生涯を設計したいと望むこと」は——たとえそれが女性の労働力を活用したいとする産業界の「企み」に呼応するものだとしても——決して否定することはできない。現代社会の産業構造の変化と人権思想の普及は、この方向性を支持している。しかしその時、「産み育てる」ことに従来とは異なる意味と位置づけがなされないならば、自分にとって子どもは不要であり、子育ては他を犠牲にするほどに有意味で価値のある営みではない、と考えられるようになっても不思議ではない。本田も言うように、「「子ども」を「愛の結晶」と位置づける「愛情神話」は、「子ども」を非効率と見なし、子育てを「損な仕事」とする「成長効率神話」に完全にその席を譲ることになる[11]」。

筆者の見るところ、この過程の真の問題性は、「産まない」選択が増加して「少子化」が進行することではない。子どもを「産み育てる」ことが純粋に個人に属する私的な営みとされ、それを超えた「意味」を持ち得ないことが、むしろ「産み育てる」という「選択」をした親の子育て意識や教育意識を変化させていることである。それが「私」の選択であり、「私」の事柄であるならば、法に抵触する虐待やネグレクトでない限り、個々の親の子育てや教育のあり方に対して「あるべき」論を説く権利は誰にもない、ということになる。「コンビニ育児」を選ぶのも「私」の選択である。そして、その「私」の選択に不安を覚えて「キッズ雑誌」にマニュアルを求めるのも、また必然である。——こう書けば、極論のように思われるかもしれない。しかし、この「私」の論理に反駁するのは、実は容易ではない。それは、子どもや子育ての私事化の趨勢が、近代社会の達成と切り離しがたいからであり、さらに、それが原理的にはらむ二律背反の故である。

このことを端的に示すのが、出産・育児をめぐる科学・技術の発展と、その帰結である。本田もまた、この点に注意を促している。医学と医療技術の発達は子どもを、もはや「授かりもの」ではなく、「計画的な出産と育児」の対象と化した。その結果、子どもの存在は、親、とりわけ「産む胎」である女性の選択権の下にあり、その判断と意志が子どもの存在の有無を決定する、ということになる。そして、その論理的な帰結は、「「子ども」の人権にまして「産む胎」の人権が尊重される考え方[12]」である。——このように突き詰めて考えるならば、それ自体としては批判し難い（と筆者は考える）近代的な普遍的人権の理念の内部で、「女性」の立場と「子ども」の立場が、原理的に撞着することになる。この原理的な二律背反は、たとえば妊娠中絶と胎児の人権といった、解き難い生命倫理学上のアポリアを私たちに突きつけるが、おそらく私たちに可能なのは、そこで安易に「あれかこれか」の二者択一をするのではなく、言葉のすぐれた意味で「実践的」にこのアポリアに向き合うことであろう。とりわけ、少なくとも既に生を受けた「子ども」の立場と「女性」の立場との間では、それが可能でなければならないはずである。

にもかかわらず、子育てをめぐる今の私たちの実践と理論は、残念ながらそれとはほど遠い状況である。「女性」の立場は幸い、近年、女性学という強力な代弁者をもった。筆者はその主張を、近代的な人権思想の——それが内包するアポリアも含めて——正当で必然的な帰結であると考えている。それに対して

「子ども」の立場は、いみじくも本田が「子ども中心」の二〇世紀から「子ども忌避」の二一世紀へ、と述べたように、今や強い代弁者をもたない。その役割を引き受けていてもよさそうな教育学は、今のところ、前世紀の「子ども中心主義」の残滓以上の理論をもっていない。たとえば林道義のような、家族や子育てをめぐって女性学を批判する議論[13]がないわけではないが、筆者の見るところ、それらの議論は——ナイーブな政治的バックラッシュは論外として——その本質主義的な前提の故に、フェミニズムの社会構築主義的な理論構制[14]と完全にすれ違っている。

本田和子もまた、「産み育てる」権利が「家」や「国家」から「ようやく、その具体的遂行者たる若い男女の手に渡った」ことを評価しつつ、そのことが、産まれてきた「子ども」を「私的所有物という運命から逃れられない」ものとしたことに危機感を表明している。曰く、「近代以降の歴史は、「子どもの権利」を主張し、その獲得のために戦い続けてもきたのだが、しかし、「産み育てる」ことを完全な私的行為とすることで、それらの戦果を無に帰そうとしているのではないか[15]」と。上述のいくつかの引用に見られるように、本田は——現代日本の人文・社会科学の研究者の常態として、あるいは、日本における女性学のセンターの一つであるお茶の水女子大学の元学長として、当然のことながら——女性学やフェミニズム理論の達成を基本的に肯定している。その本田が他方では、「私的所有物」となった子どもの権利の危機を訴える。「産み育てる」営みを、「完全な私的行為から救出することが重要なのである」と。そのことを敢えて訴えるのは、「女性」の立場と「子ども」の立場とが撞着する構図の中では、実はきわどい主張ですらある。そのきわどい主張は、如何になされているのか。

本田は言う。「一つの救いは、どうやら、「人もまた、生き物である」という、当然の定義の確認にある」。「いま改めて、「産み育てる」営みを見つめ直す視界には、……「種の存続」と「それを子どもに託す」という、私的利害を超えたより広義な目的と価値が浮かび上がってくるように見える」[16]と。つまり「種の存続」という、いわば生物学的な「公」によって、子どもの「公共的意味」を認識し直すことが肝要である、というのである。このような議論の方向性は、フェミニズムの社会構築主義的な理論構制に背馳するようにも思われるが、他方、子育ての「社会化」というフェミニズムの子育て論の戦略を裏づけるものでもあり得るだろう。[17]「人もまた、生き物である」ことを認識し直す重要性には、筆者にも異論はない。子育ての「社会化」が、若い親たちの子育てを多様な人間関係が支えることを意味するのであれば、大賛成である。しかし、そこには未だ、大きな盲点が残っているように思われる。その問題を直視しなければ、石川が報告していたような子育ての危機的状況も、本田の指摘する「産み育てる」営みの私事化も、延いては「子どもへのニヒリズム」も、克服することは不可能であると考えられる。――それは、「わが子への愛情」と「わが子の教育に対する親の願い」を如何に捉えるのか、という問題である。

4 「わが子への愛情」と教育学における「親論」の空白

『子どもが忌避される時代』の中で本田和子は、『伽羅先代萩』や『菅原伝授手習鑑』といった歌舞伎における「わが子殺し」を考察した補章を書いている。「公」の義のために「私的な愛」の対象たるわが子を死なさしめる乳母政岡や松王丸が喝采を浴びたのは、「血の繋がったわが子は、他人の子どもにもまして可愛いはず」という前提が江戸期の人々の間に「ことさらに意識され始めていた」からである、というのである。「わが子への愛」というのが決して普遍的なものではなく、歴史的に形成された「血縁信仰」に過ぎない、という指摘である。そして本田は、現代の子どもをめぐる事件報道や「難病もの」のドラマに見られる親像とりわけ母親像が、依然として「親、とくに母親は、わが子を何よりも愛し慈しみ、その生命を己の生命に替えても守り抜こうとする存在である」というフィクショナルな定型を保っており、「変貌甚だしいこの時代に、それに相応しい親子のありよう……が、いまだ明確な輪郭をもって描き上げられてはいない」[18]と述べる。

　このような「わが子への愛情」もまた近代社会のイデオロギーである、という視点は、上述の「愛情神話」や「母性」の歴史性の主張の、当然の帰結である。しかし、はたして本当だろうか。近代以前の社会に反証事例を挙げることは難しくないように思われる。たとえばアリストテレスは『ニコマコス倫理学』で「フィリア」という愛の一類型を論じる際に、親子間の「フィリア」を、共同性一般において成立する「フィリア」と区別して、「親は子を自分自身のごとく愛する」ことを肯定的に論じている（第八巻第一二章、1161 b11以下）。このアリストテレスの議論については本書第3章であらためて考えてみたいが、それは近代社会のイデオロギー装置とは明らかに無縁である。万葉集の山上憶良の歌（「白金も黄金も玉も何せんに勝れる宝子にしかめやも」）はどうだろうか。あるいは逆に、イエスが血縁の母や兄弟を退けて、「神の御心を行なう人こそ、私の兄弟、姉妹、また私の母なのだ」と述べたことが聖書に特記されている（マルコによる福音書、三章、三五節ほか）のは何故か。仏陀が、わが子を「ラーフラ（悪魔、障碍）」と名付けたのは何故か[19]。多くの宗教で聖職者の妻帯を禁じる戒律があるのは何故か。それらはいずれも、古来「わが子」への愛着が如何に絶ち難く強い（それ故に信仰の妨げにもなる）ものであったのか、という事実の裏返しではないだろうか。

しかし、「母性」や「わが子への愛情」の歴史性をめぐる議論をすることがここでの課題ではない（それらの歴史的相対性を主張する議論そのものの歴史性を、筆者は意識するものの）。ここで考えなければならないのは、それが歴史的なものであれ普遍的なものであれ、私たちが強固に懐いている情念を軽く見る思想は、実践的には無力なものに終わるだろう、ということである。――このことのおそらく実例を、私たちは、第二次世界大戦後の日本における教育学の歴史に見ることができる。

近年、教育学では「戦後教育学」の批判的総括が行われてきた。その論点の一つが教育の「私事性」論である。「戦後教育学」は、東西冷戦の激化を背景とした、教育に対する国家統制の再度の強化（いわゆる「逆コース」）に対する対抗理論としての性格を強くもっていた。近年では「冷戦期教育学」という呼称も定着しつつある。その際の理論的な骨格の一つが、子どもの教育のあり方を決定する「教育権」を、国家ではなく、第一義的に親に帰するものとする「教育の私事性」論であった。教育というのは原理的に親が行う「私事」であり、学校教育というのは、その「私事」の共同化であるが故に、「公」を僭称する国家による統制は不当である、という理論構制である。この理論が、先に本田和子が述べていたような夫婦の「愛の結晶」としての子ども、「夫婦愛の具体的表現」としての子育て、という観念に対応するものであることは、容易に見て取れる。

この「私事性」論は、しかし、高度成長期を経た一九八〇年代以降、状況論的にも理論的にも、その限界を露呈した。状況論的には、八〇年代に入って、教育の「私事化」の風潮が否定的な口吻で語られるようになる。わが子の教育に対する親の関心が、もっぱら私的な利害関心に終始して、むしろ学校教育の阻害要因となっている、と。当時、そのような状況に最もラディカルに反応していた「プロ教師の会」のキャッチコピーを引き合いに出すならば、「教師の敵は文部省ではなく親である」、「教育の聖域＝親を粉砕せよ」という具合である。近年のいわゆる「モンスターペアレント」も、上述の石川の報告するような「暴走育児」も、既にこの時代に登場していたわけである。そして、このような「私事化」の風潮と呼応するかたちで、ネオリベラリズムの教育改革が上から唱導されるようになる。それを端的に表現していたのが臨時教育審議会の第一部会における教育の「私事化」論である。ポスト福祉国家の行財政とグローバル化する経済競争に対応するためには、明治以来の教育の国家統制を「自由化」し、教育を「私的」な選択・競争・自己責任に委ねるべきである、という主張である。原理的に教育の「私事性」に立脚する「戦後教育学」が、この「私事化」の風潮にも、ネオリベラリズムの「私事化」論にも、有効な対応ができないでいる間に、わが子の教育に対する親の「私的」な関心は、ネオリベラリズムと呼応して、教育の公共性の阻害要因となってしまっていた。親の教育的関心は「私的な利害と国家的・経済的利害の共生の罠」[20]に捕えられてしまったのである。

それに対して、一九九〇年代以降、教育学では「公共性」が議論の焦点となってきた。上述のような「戦後教育学」の隘路を克服しようとする試みである。たとえば「学びの共同体」（佐藤学）といった新しい教育の公共性の構想が提起されている。しかし現在までのところ、それらの理論的・実践的な試みが成果をあげているとは言い難い（以上の戦後教育学の歴史的総括については、詳しくは本書第6章を参照されたい）。むしろ私たちの目につくのは、ネオリベラリズムの「改革」がもたらした「格差」の拡大であり（上述のビジネスベースの「キッズ雑誌」の隆盛と、経済的・物理的困難によるネグレクトや虐待の顕在化を想起されたい)、石川や本田が論じていたような「私事化」のいっそうの深化、深刻化である。それは何故だろうか。――それは、私たちの教育的公共性の構想に、「私事化」の隘路、「私的な利害と国家的・経済的利害の共生の罠」を乗り越えるだけの強度が、未だ不足しているからではないだろうか。

これまでのところ、教育学において「わが子の教育に対する親の願い」は、「戦後教育学」の「私事性」論における一面的な、多分に戦略的な肯定か、さもなくばネオリベラリズムと「私事化」の風潮において教育の公共性の阻害要因になっている、という、これまた一面的な否定か、いずれかの文脈でしか論じられていない(詳しくは本書第3章を参照されたい)。しかし必要なのは、一面的な肯定でも一面的な否定でもなく、教育にとって「親の願い」を、切実であるが故に両義的であるものとして捉え直し、そこからこそ教育の「公」を模索する試みではないだろうか。「親の願い」を「私事」に過ぎないとして、それに公共性を対置する議論は、それが政治的公共性であれ、本田の示唆していたような生物学的な公共性であれ、理屈としては容易である。しかし、そのような議論が親の「私的」な欲望の強さを克服するだけの強度を未だもち得ないとしたら、それは「親の願い」の切実性――後述するような、いわば「実存的」な切実性――を充分に汲み取り、教育的公共性の構想に組み込むことができていないからではないだろうか。そこであらためて想起されるのが、冒頭で紹介したランゲフェルトの議論とエピソードなのである。

5 子育てと教育の「実存的」な切実性

あらためて、ユダヤ人少女のエピソードを通して、ランゲフェルトは私たちに何を語りかけているのだろうか。

母親に対する少女の「答え」は、収容所での無残で無意味な死に直面した母親にとって、おそらく計り知れない救いであったと思われる。その意味で、その言葉は、まさにそれ以外にはあり得ない「然るべき答」だっただろう。しかし、それは本当に、救いだろうか。もしそれが救いであったとしたら、どのような意味においてであろうか。

娘が子どもを産んで、共に幸せになること。それが救いだろうか。そうかもしれない。自分の「いのち」が娘へ、そしてその子へと受け継がれてゆくことによって、自分の生が無意味ではなかった、と感じられることが救いだった、と考えてみることはできる。

しかし、収容所での母親の運命は、早晩、娘のものでもあったはずである。子どもを産んで、みんなで幸せになる、という少女の言葉は、その時どれだけ現実性をおびたものであったか。とすると、それは未来への「いのち」のつながりを実際に保障するものではなく、むしろ、そのように娘が応答した、そのこと自体が母親にとっては救いだった、とも考えられる。それは、「お前と一緒にいられて私は幸福だったよ」という母親の言葉に対する返答であった。「お前と一緒で幸せだった」という人生の意味。――少女の言葉は、自分もまたその「意味」を生きる、という応答でもあっただろう。

それもまた、「いのち」のつながりではある。ただし、それは必ずしも生物学的な意味での生命のつながりではない。子どもを慈しみ、共に生きることに幸福を感じ、人生の意味を見出すという生き方を、受け渡し、受け継ぎ、そこにおいて響き合う、というつながり方である。だからこそ、生きのびた少女は、自らの言葉をあらためて約束として、課題として、引き受け直さねばならなかった[21]。この意味での「いのち」のつながりは、生物学的な事実や合理性によってではなく、ただ約束を果たそうとする意志によってのみ、現実となる。仮に、少女が収容所で母親と同じ運命をたどったとしたら、どうだったろうか。生物学的なつながりであれば、それは無残に断ち切られた、と言う他ない。しかし、少女の応答の「意味」が、それによって無に帰したと、私たちは考えるだろうか。

ここで、少女と母親との間に血縁がなかったら、と仮定してみるのも、荒唐無稽な問いではないかもしれない。このエピソードに血のつながりは不可欠だろうか。これも合理的な答えは想定できない問いではある。人類一般や、あるいはユダヤ民族といったレベルの関係性で、この少女の応答が同じ「意味」をもち得たとは想像しがたい。やはり母親にとっては「わが子」だから、かもしれない。しかし、その「わが子」というのが、生物学的な血のつながりだけを意味するのならば、それはむしろ、人類一般というのと変わらない抽象的な「意味」であるように、筆者には思われる。肝心なのは、代替不可能な個別的で具体的な関係性ということではないだろうか。たとえば職人の技の継承や、研究者の志の継承といった関係性にも、私たちは同様の「いのち」のつながりを想定することができる。もし「わが子」との関係がそれらといささか違った様相を示すとしたら、それは血縁という抽象性ではなく、特定の親密な二人称（「お前」Du）に対する具体的なケアの積み重ねの歴史の故である、と考えられないだろうか。

このように考えるならば、ランゲフェルトの言う「人生の意味に対する疑問への実質的な回答」とは、既に和田が指摘していたように、決して実証主義的・合理的なそれではなく、すぐれて「実存的」な答えである。そのとき「子どもを産み育てる」という営み——ここで「産む」とは、単に生物学的な意味ではなく、新しい生命を「いのちがけ」で共に引き受ける意志、と理解しておきたい。その限り、それは生物学的な性別を超えることは今のところ不可能としても、ジェンダーは原理的に克服することができるはずである――は、人間にとって（男性にとっても）切実な「実存的」な意味をもつことになる。筆者はこのエピソードを、何よりもその可能性を鮮烈に指し示すものとして、今、受け取り直す。

ただし、だからといって、全ての親がそのように子育てに臨むべし、と言いたいのでは決してない。このように子育てという営みが「実存的」な意味をもち得る可能性を確認することが、私事化の隘路を、延いては「子どもへのニヒリズム」を、克服するために不可欠ではないか、と考えるのである。もちろん、このような「実存的」な意味もまた、結局は特殊近代的な心性の一つのヴァリエーションに過ぎない、と議論することはできる。しかし、近代社会を支えるイデオロギーと割り切ってしまうには、ランゲフェルトによって語られたエピソードは、あまりにも痛切である。たとえフィクショナルな心性だったとしても、それは生死の境まで深く血肉化している。少なくともこの少女において、「子どもを産み育てる」ことの意味が、そのように深く切実なものとして生きられたことを、おそらく私たちは否定できない。

否、このようにエピソードのインパクトに頼った議論はフェアではないかもしれない。「子どもを産み育てる」営みの「実存的」な切実性、というテーゼに対する傍証を、もう少し挙げてみよう。

たとえば、エリクソン。近年、教育学の領域では西平直や田中毎実らによって、すぐれて人間形成論的な視点からエリクソンのライフサイクル論の解釈が深められている（その源流には森昭の『人間形成原論』がある）。しばしば発達段階論の文脈で個人の生涯の完結性のみを意味するものと誤解されてきた「ライフサイクル」概念が、先行世代によって産み出され、後続世代を産み育ててゆく「世代連鎖性」を意味することが強く意識されるようになっている。西平によれば、エリクソンの発達理論は「いかに前の世代が次の世代を産み出してゆくか（generate）、いかに大人が子どもを世話するか（care）、について論じたものにほかならない。それを主題としたのが、人生段階における adulthood（大人・成人期）の問題であって、大人自身の発達が、世代継承の課題として論じられていたのである」[22]。それ故、成人後期の発達課題を示す generativity という概念も[23]、通常の訳語である「生殖性」という言葉が喚起しがちな生物学的な再生産という意味合いを超えた、人間のみがもち得る「生み出す力」（田中毎実）として理解される。大人は、成長しつつある後続世代に応答し、ケアすることができなければならないと同時に、その応答を通じてこそ「生み出す力」は獲得され、発現し、成熟し、大人はその生を十全に生きることができる、というのである[24]。（その意味で、「生み出す力」は後続世代においても既に、大人に応答を迫るというかたちで働いている。さらに田中は、同様の相互的なエンパワーメントが、老いゆく先行世代と大人世代の間にも働いていることにまで視野を拡大している。）

このように理解するならば、エリクソンの言う発達課題、とりわけ成人後期のそれである generativity とは、単なる生物学的な事実でもなければ、社会や共同体における再生産の要請だけでもなく、人間の生の「意味」にかかわる問題にほかならない。ところで西平は、エリクソンにおいて宗教が、フロイト同様に「幻想」に過ぎないか否か、という問いについて丁寧な検討を行なっている。そこでの「水平軸と垂直軸との緊張関係」[25]について今、論及する紙幅はないが、少なくとも言えるのは、エリクソンの思想が、たとえばフロイト的な懐疑を経て、もはやかつてのように「垂直軸」での超越者との関係において生の「意味」を確証することが、素朴にはできなくなった時代のそれである、という事実である。そのとき人は、如何に拠り所を求めるのか。図式的に言うならば、「水平軸」での他者との関係において、ということである（「垂直軸」の関係があったとしても、それは「水平軸」とのダイナミズムを通じて、初めて可能になる、ということになる）。具体的には、同じ場を生きる先行世代（および後続世代）に対するケアや応答において、自らの「生み出す力」を生きることによって、人は生の「意味」を実感することができる、ということである。くだけた言い方をするならば、それは「誰かに必要とされることによって、人は自分の生に意味があると感じられる」ということである（そしてこれは、もちろん直ちに、「必要とされることを必要とする」と反転する相互的な関係である）。エリクソンの思想そのものは複雑な奥行きをもつにしても、そのアクチュアリティの一端は、この水平方向の他者との関係性における生の「意味」の確証、という点にあるのではないだろうか。そのように読むならば、エリクソンの generativity とは、まさに「子どもを産み育てる」営みの「実存的」な切実性を指し示す概念である。そしてそれは、「人生の意味に対する疑問への実質的な回答」というランゲフェルトの思想とも、たしかに響き合っている。

あるいは、アレント。上述のような近年の教育の公共性をめぐる議論において、彼女の思想は中心的な位置を占めているが、そのアレントの公共性論の根底には、人間の生を「個体としての生命、すなわち誕生から死にいたる生の物語としての輪郭をもつビオス」と「生物学的な生命としてのゾーエー」という二つの位相に分ける発想がある。人間は、その種の一員としては、後者の生物学的な循環のうちにあるが、前者がその「外側に生い立ち」、「生命の循環運動を断ち切る」ことにより「死すべき存在」となる。古代ギリシアにおいてポリスの政治的共同体はそのような生命の可死性の虚しさを克服しようとする必要から創設された、とアレントは述べる[26]。自らの行為と意見に対して応答が返される「現われの空間」、すなわち公的領域の外では、人間の生はその「意味と尊厳」を根本的に剥奪されてしまう。その意味で公共性は、人間にとって、いわば実存的な生の条件である、というのが彼女の公共性論の核心である。

政治的な公共性の概念を、単なる材の配分の問題ではなく、生の「意味と尊厳」という視点において捉えたことは、小玉重夫が精緻に論じているように[27]、アレントの卓見であり、今日、彼女の思想が大きな影響力をもっている所以である。しかし私たちは、それを教育の公共性に関する議論にも、そのまま適用できるだろうか。ここで想起すべきは、古代ギリシアでは「死すべき存在」の虚しさの克服という意味での「不死性」の追求が、上述のような公的領域における「現われ」以外の二つの仕方でも行われていた、とアレント自身が論じていることである[28]。その一つは、「子をもうける」ことにより生物学的な生命の再帰的循環に与る、という仕方である。プラトンは、それが一般の人間が抱く不死への渇望を充分に満たし得ると考えていた、とされる。もう一つは、観照的な生によって究極的な真理の恒久性に与る、という哲学者のあり方である。もちろんアレント自身は、あくまで公共圏と親密圏とを峻別することを主張するのであるが、仮に政治的公共性一般に関してはそれが可能かつ望ましいとしても、私たちの社会において親がわが子の教育について公的に考え、議論する際に、その峻別は果たして可能だろうか。それは実際的にとてつもなく困難であろう、というだけではなく、アレントが理念型的に区別した三つの「不死性」の追求のうちの二つ、政治的共同体における「現われ」と、「子をもうける」という生命の循環とが、むしろ分かち難い点にこそ、他ならぬ「教育的」公共性が他の公共性一般とは原理的にも異なる所以がある、と考えることはできないだろうか。

アレントが公共圏と親密圏の峻別を主張するのは、キリスト教の世界観においては古代ギリシアとは正反対に、個人の生命の不死性が信じられており、その信仰が消えた後も近代人に残った内的な確信が、自己の利害を最も重視する態度——彼女はそれが近代の政治哲学すべての特徴である、と述べている——と結びついて、公共圏の形成を阻害している、と考えるからである。[29] 私たちはそこに、本章で問題にしてきた「私事化」の趨勢の一つの淵源を見ることもできるかもしれない。アレントは、このキリスト教—近代的な生のあり方に古代ギリシア的な公共性を対置することによって、それを批判した。それに対して、ポリスの「公」の根源に可死性の克服という「実存的」な動機があった、というアレントの洞察から出発しつつ、彼女自身の戦略とは敢えて異なった方向で、古代ギリシアにも増して生の「意味と尊厳」が疑わしくなっている私たちの時代と社会において「子を産み育てる」という営みが、政治的公共性と分かち難く、実存的な生の条件となっている可能性を見ること、そしてそこから「教育的」公共性を模索することも、私たちには可能であるように思われる。——少なくとも、そう考えるならば私たちはアレントの議論を、ランゲフェルトやエリクソンに見たような人間の生にとっての子育てや教育の切実な「意味」を、いわば裏側から照らし出すものとして理解することができるのである。

6　「おとなであることの意味」という希望

本章ではまず、現代日本において子育てが親の自己実現の障害／手段とされてしまっている状況を一瞥し、その背後に、本田和子が「子どもが忌避される時代」と称するところの「子どもへのニヒリズム」状況があることを確認した。それに対して「親の責任」や「あるべき子育て・教育」を説く議論は多くあるが、それは実はきわめて困難なことである。何故なら、子育て意識の変化は、本田の言う「愛情神話」にせよ「私事化」の趨勢にせよ、近代社会を支えるイデオロギーと不可分だからである。安易な「あるべき」論は子育てという「労働」を女性にアンフェアに押しつけ続けることに加担してしまう一方で、その「解放」を唱える思想が、消費主義的な産業化社会に都合のよい労働と消費の供給源へと家族を解体する論理に回収されてしまう。近代社会のポジティブな達成であったはずの普遍的人権の理念の内部で、「女性」の立場と「子ども」の立場が撞着している。ナイーブに「子どものため」を説くことは、「女性」の立場に背馳しかねない。

そのような困難に、ランゲフェルトの語ったエピソードとその思想を対置して、子育て・教育という営みが人間にとって（女性にとっても男性にとっても）「実存的」な意味をも持ち得る、ということを確認してみたかった。「子どもを産み育てる」という、合理的に見たら割りの合わない、不条理ですらある営みを敢えて引き受けることが「人生の意味に対する疑問への実質的な回答」であり、「おとなであることの意味」である、という思想。――「子ども」の意味が見失われ、ニヒリズムに陥っている状況において、そのような思想が生きられ得るとしたら、それは一つの希望である。

それもまた特殊近代的な心性のヴァリエーションに過ぎないと、その歴史的相対性を指摘することは可能であろう。しかし、それが他ならぬ――垂直方向の超越者との関係において生の「意味」を確証できなくなった――近代の思想であるからこそ、上述のような子育ての「近代」の隘路を克服するための足掛かりとなるのではないか。もちろん、それは事実性でも規範性でもない「実存的」な意味であるが故に、それだけでは未だ子育てや教育の「あるべき」を示すものではない。それは私たちの公共的な実践に委ねられている。その際にも、おとなにとっての「子ども」の実存的な「意味」の確認は重要である。子育てや教育に対する親の「私的」な願いや欲望に対して外から「公」を対置するのではなく、むしろ敢えてその願いや欲望の切実性から出発した「教育的」公共性こそが、「私事化」の隘路を乗り越える勁《つよ》さを持ち得ると考えられるからである。

本書の第2章では、筆者が参加している親と教師による新しい学校づくりにおいて教育的公共圏が生成してくる過程を報告したいと思う。「わが子」の教育への親の願いが「私たち」へと広がり、「私」と「公」とを媒介する可能性。その可能性を、学校づくりの実践の中から理論の言葉で語るべく試み続けること。――ランゲフェルトが私たちに語ったことへの、それが筆者としての応答である。本章は、そのための出発点の再確認の試みでもあった。

註

[1] M・J・ランゲフェルド（和田修二監訳）「おとなであることの意味」（『よるべなき両親――教育と人間の尊厳を求めて』玉川大学出版部、一九八〇年所収）、六二―六五頁。
[2] 同書、五九頁。
[3] 同書、一七七頁。
[4] 石川結貴『暴走育児――夫の知らない妻と子のスウィートホーム』ちくま新書、二〇〇九年。また、近年の子育て意識の変化については、以下の文献も参照。汐見稔幸『親子ストレス――少子化社会の「育ちと育て」を考える』平凡社新書、二〇〇〇年。柏木惠子『子どもという価値――少子化時代の女性の心理』中公新書、二〇〇一年。
[5] 石川、前掲書、八九頁。
[6] 同書、二〇九頁。
[7] 本田和子『子どもが忌避される時代――なぜ子どもは生まれにくくなったのか』新曜社、二〇〇七年、八頁。

［8］同書、一二頁。

［9］同書、三九頁。

［10］同書、四二頁。

［11］同書、四四頁。

［12］同書、五二頁。

［13］林道義『主婦の復権』講談社、一九九八年など。

［14］たとえば、上野千鶴子編『構築主義とは何か』勁草書房、二〇〇一年所収の諸論文を参照。

［15］本田、前掲書、六一頁。

［16］同書、六三頁。

［17］フェミニズムの子育て論については、原ひろ子・舘かおる編『母性から次世代育成力へ――産み育てる社会のために』新曜社、一九九一年における大日向雅美や原ひろ子の論考を参照。

［18］本田、前掲書、一三四頁。

［19］山折哲雄『ブッダは、なぜ子を捨てたか』集英社新書、二〇〇六年、五九―七六頁。

［20］今井康雄「見失われた公共性を求めて――戦後日本における議論」(『メディアの教育学――「教育」の再定義のために』東京大学出版会、二〇〇四年所収)、六六頁。

［21］この少女の「応答」は、矢野智司の論じている「純粋贈与のリレー」という概念によって理解することもできるだろう。矢野智司『贈与と交換の教育学――漱石、賢治と純粋贈与のレッスン』東京大学出版会、二〇〇八年を参照。また、やはり「贈与」をキイワードとして、「贈与」としての子育ての時間性と「交換」の無時間性を対比した内田樹の議論も、本章の問題関心から興味深い。内田樹『下流志向――学ばない子どもたち　働かない若者たち』講談社文庫、二〇〇九年、一九五―二〇四頁。

［22］西平直『エリクソンの人間学』東京大学出版会、一九九三年、一〇四頁。

［23］E・H・エリクソン（小此木啓吾訳編）『自我同一性――アイデンティティとライフ・サイクル』誠信書房、一

九七三年、一二二頁。および、E・H・エリクソン（村瀬孝雄・近藤邦夫訳）『ライフサイクル、その完結』みすず書房、一九八九年、八八頁。
〔24〕田中毎実「人間形成論の内容的展開の試み――ライフサイクルと相互形成」（岡田渥美編『人間形成論――教育学の再構築のために』玉川大学出版部、一九九六年所収）、四一二―四一五頁。
〔25〕西平、前掲書、一五九頁。
〔26〕H・アーレント（引田隆也・齋藤純一訳）『過去と未来の間』みすず書房、一九九四年、九五頁。
〔27〕小玉重夫『教育改革と公共性――ボウルズ＝ギンタスからハンナ・アレントへ』東京大学出版会、一九九九年。
〔28〕アーレント、上掲書、五九頁。
〔29〕同書、六七頁。

第2章——教育におけるケアと公共性

親と教師が学校をつくる経験から

1 学校づくりの経験から語る

この章は、公教育制度の外側で、親と教師の手で学校をつくり続けている営みに一人の親として参加している教育研究者の経験を語ったものである。さしあたり、それは当事者による具体的で個別的なナラティブである。また、章のタイトルに掲げたような概念が最初から意識されていたわけでもない。しかし、学校づくりの仲間で議論する時、社会に向かって自分たちの活動に理解を求める時、さらには研究者としての自分の仕事と親としての学校づくりとの関係を反省する時に、自分たちの活動の意味を一般化して考える必要に迫られる。その際の一つの思想的な中核になったのが「ケア」と「公共性」という概念であった。私たちの学校づくりの経験を語ることを通じて、教育という営みに固有な公共性の原理的困難と、その克服の契機をケアに見出す可能性を、延いてはケアが社会的な関係性や倫理につながる可能性の一端を展望できないか、というのがこの章の目論見である。[1]

（一）京田辺シュタイナー学校

その学校の名は、NPO法人京田辺シュタイナー学校。二〇〇一年四月に開校。日本におけるシュタイナー学校としては二校目、一二年一貫校としては初めての試み。開校時は一年生から七、八年生（合同クラス）までおよそ一〇〇名の生徒。二〇〇七年三月には一二名の最初の卒業生を送り出し、一二年目の現在（二〇一二年一〇月時点）はおよそ一八〇家庭、二七〇名の子どもたちが学んでいる。教師は、クラス担任をはじめとした専任教員が一九名、専科その他の非常勤教員が約二〇名。NPO法人により設立・運営されている学校なので、制度的には公教育の枠外にある。子どもたちの学籍は居住地の公立小・中学校にあり、行政上は不登校児童・生徒の扱いで、この学校で学んでいる。

この学校は、全て親と教師の願いと活動によって創設され、運営されている。二〇〇一年の開校に先立つこと七年前、京田辺市内でシュタイナー教育を実践する「そよかぜ幼稚園」の卒園生の親たち（最初は三人だった）が、卒園後もわが子にシュタイナー教育を受けさせたい、学校を設立したいと志し、海外のシュタイナー学校教員養成課程で学んだ教師をさがし、地域の公民館を借りて、まずは土曜日だけのシュタイナー学校「土曜クラス」を始めた。土曜クラスの参加者は次第に増え、親たち（当時は、ほぼ全てが母親だった）は、その運営をしながらシュタイナーの思想を学び、全日制の本格的なシュタイナー学校設立に向けた活動を続けた。二〇〇〇年三月に設立母体としてNPO法人の認証を受け、京田辺市内に土地を借り、校舎は親たちの積み立て・寄付と外部からの寄付により、シュタイナーの教育理念にかなったかたちのものを建設した。

（二）親と教師がつくる学校

このような設立の経緯から、「親と教師がつくる学校」が合言葉である。教室での教育実践に関すること以外は全て、親と教師の全員が参加する（ことのできる）「運営会議」で意思決定している。学校事務、設備のメインテナンス等も多くを親の力で運営。経済的な基盤は、ほぼ一〇〇％「参加費」（あえて授業料とは言わない。学校づくりへの「参加」費である）による。当然ながら、私学助成のような公的な補助は受けられない。

そこでは既存の「正規の」国公立や私立の学校での法規や常識や前例に頼ることができないが故に、学校としての意思決定は如何にあるべきか、その際の親と教師の関係は、そして学校運営の費用を各家庭がどのように担い合うのか、など、具体的かつ原理的に考えねばならない問題に、私たちはいくつも直面した。結論めいたことを先取りして述べておくならば、筆者は、そうやって何もないところから親と教師の力だけで学校をつくってきた経験を、ささやかながらもまさに一つの新しい教育的公共圏の生成の過程であった、と振り返っている。ただし、「お上」の力に頼らず、縛られず、「みんな」でつくる学校。だから、新しい教育的公共圏の生成――と書くと、とてもきれいであるが、実は話はそれほど簡単ではなかった。むしろ私たちが直面してきたのは「教育的」な公共性の困難であった。

（三）新自由主義への加担？

「わが子にシュタイナー教育を受けさせたい」というのが、この学校づくりに参加している親の動機である。筆者も例外ではない。では、仮にドイツをはじめとする諸外国のようにシュタイナー学校が私立学校としての地位を確立していたとしたら、どうだろうか。おそらくこの学校のほとんどの親が、私学としてのシュタイナー学校を選ぶだろうと思う。そしてそれは、今の日本の社会ではありふれた「選択」である。地域の公立学校ではなく私立学校に子どもを通わせる選択。公立学校でも、学校間の選択を可能にする仕組みが広がっている。国際人権規約第一三条に謳われている、わが子の教育のあり方を決定する権利は第一義的には親が有する、という原則を、筆者も肯定する。その限り、選択肢は多様であってよい。

けれども、地域の公立学校に行かせるだけでない選択肢が増えて行くと、全体としての公教育はどのような影響を受けるだろうか。経済的・文化的な選択能力の高い家庭と低い家庭との間の教育格差が固定化し、あるいは拡大する。選択できなかった子どもが集まる公立学校の教育はより困難になり、それがまた公立学校離れを促進して、格差拡大の悪循環が加速する。これは一九八〇年代の臨時教育審議会以来、学校教育に市場競争の原理を導入してきた新自由主義の教育「改革」によって実際に進行してきた事態である。私たちのＮＰＯ法人によるシュタイナー学校づくりも、そのような新自由主義の流れに、結果的に棹さしているのではないか、と私たちは何度も自問せざるを得なかった。

（四）公共圏のあり方を映し出す「参加費」

親の多くは、競争社会を勝ち抜くために有利な教育を願うようなメインストリームに疑問を懐くが故に、敢えてリスクを賭して、そうでない選択をしている。シュタイナー教育の目的や内容が、新自由主義的「改革」に加担するようなものではなく、むしろそれに対するオルタナティブを志向するものであることは（本章でも後に触れるが）周知の通りである。実際、「経済的理由でこの学校に来られない子どもを出さない」、「金持ち学校にしない」というのが、この学校づくりの過程で繰り返し確認されている私たちの共通の願いなのである。

それでも、私たちはわが子を地元の公立学校に通わせず、私学の授業料に相当する（決して少額ではない）「参加費」を払って、この学校に通わせている。それは、新自由主義的な教育「改革」への疑問と、整合し得るのだろうか。開校後一〇年を経て、私たちは今、その問題を、学校の外の地域コミュニティとの関係として問う段階に至っている。[2] しかしそれ以前に、この問題はまず学校の内部で、「参加費」制度をめぐる議論として問われ続けてきた。シュタイナーはいみじくも言っている。「お金は最も精神的な物質である」と。学校づくりの過程で、私たちは何度もこの言葉を反芻することになった。「参加費」は私たちの「公共圏」のあり方を最も端的に映し出すテーマだったのである。そこで本章では以下、この学校の「参加費」に関する私たちの試行錯誤を振り返ってみたい。

（五）シュタイナー学校であること

ところで、私たちがつくっているのは「シュタイナー学校」である。このことは本章のテーマと、どのように関わるのだろうか。ここで論じようとしているのは、教室での子どもたちと教師の営みの外側でそれを支える枠組みのつくり方について、である。教育実践の内実に立ち入った話ではない。（この学校でのシュタイナー教育の実践については、既に出版されている著書をご参照いただけば幸いである。）[3] 教育の公共性と言った時、教育内容や教育方法をめぐる公共的な議論も当然、想定される。しかしこの学校では（おそらく、幸い）それらの点に関してはあらかじめ「シュタイナー教育」という理念が共有されている。その理解をめぐる議論というのもあり得るが、そこはこの学校では、開校当初の葛藤を経て、親は立ち入ることのない教師会の専権事項として一線を画することが確認されている。(この点も、教育の公共性における教師の専門性の位置づけ如何、という重要な問いにつながるのであるが、ここではその問題には立ち入らない。)

従って、これから語ることは必ずしも「シュタイナー学校」に固有の経験ではなく、教育の公共性について原理的に考えるならば、どこでも必然的に直面する(している)はずの問題である。とはいえ、その問題に対する私たちの取り組み方は、やはりシュタイナーの思想を意識したものであった。「社会有機体三分節化論」という、シュタイナー独自の社会思想。この思想を全面的に論じることは本章の枠内では難しいが、私たちの試みを紹介するのに必要な範囲で、それにも論及することにしたい。

2 「参加費」をめぐる私たちの試行錯誤

(一)「自己申告」という試み

学校運営に必要なお金をどのように集めるのか。校舎建設の際は外部からの寄付もいただくことができたが、経常的な運営資金は親が出し合う以外にはない。一体いくら必要なのか。各家庭はいくら出さねばならないのか。当然のことながら二〇〇一年の開校前、この問題が真剣に検討された。そもそも開校直前まで、土曜クラスから全日制の学校に参加するか否か迷っている家庭も多く、クラスが成立するかどうかわからない学年もあった。従って、シミュレーションの基礎となる生徒数も、教師の数さえも不確定。そんな中で会計担当の理事を中心に「参加費」額の案が苦心してつくられ、運営会議[4]で提案された。この時点での案は、各家庭の生徒数に応じて金額が決められる定額制度であった。四月の開校を前にした一二月のことだった。

しかし、この案は一月末の運営会議で、まったく別の「自己申告制度」案に取って代わられた。それにはいくつか理由があった。おそらく最大の直接的な理由は、学校設立に向けてこれまで一緒に活動してきた仲間から、経済的な理由で全日制の学校に参加できない家庭を出さない、ということであった。この自己申告制度は、一年間に学校運営に必要な予算を立て、親はそれを念頭に置きながら自分の家庭が出せる参加費額を決めて申告し、その金額を一年間、責任を持って支払う、という制度である。これなら、経済的に余裕のない家庭でも、このシュタイナー学校に子どもを通わせることができる。「払えない」家庭があれば、その分、運営資金は不足するが、それは余裕のある家庭が頑張ることによって、助け合いながら学校を成り立たせて行こう、というものであった。

筆者自身は当時から、この自己申告制度に不安を感じていた。しかし、それが学校づくりの苦労を共にしてきた母親たちの切実な共同性に根ざした知恵であったことを、今では貴重なものとして回顧する。開校当時は、この制度で学校運営を何とか可能にするだけの熱意が親たちの間に確かにあったのである。必要額が集まらない不安はあった。その場合は、集まったお金でできる限りのことをするしかない。その後、学校運営がいちおう軌道に乗った現時点から振り返ったら、一か八かの賭のようなものである。けれども、そもそも、そのようにしてしか立ち上げられない学校であった。倒れるところまでやって、いざとなったらその時はその時、という腹のくくり方が、私たちにはあったように思う。

この制度を提案した親たちが当時、どこまでそれを意図的・意識的に狙っていたのかは確かめ難いが、この制度は実際、全日制への入学の経済的なハードルを下げることにより、生徒数を増やし、学校運営を容易にするプラスの方向に作用した。上述のように、確実な将来の見通しが立てられない状況で開校した私たちにとって、結果的にこれは最も「現実的」な制度でもあったのである。参加費自己申告制度であったからこそ、この学校は現状の規模まで拡大できた、と見ることもできる。

さて、先に、いくつかの理由、と書いたが、ここまで述べたような実践的・現実的な理由に加えて、自己申告制度の提案には、いわば理念的な理由もあった。それは、シュタイナー学校だから自己申告制でなければならない、というものである。その根拠と考えられた思想については後にあらためて論じることとして、ここは私たちの試行錯誤の経緯の報告を続けることにしよう。

(二) 「自己申告」の困難

こうして、参加費「自己申告」制度と共に全日制の京田辺シュタイナー学校はスタートした。私たちは当初、五〇~六〇名の生徒数を想定していたが、開校時に既に一〇〇名を越え、その熱気を持ち越して開校二年目には第二期校舎建設も行うことができた。しかしその過程で、現実に学校が立ち上がったが故の困難にも直面することになる。経済的にも人的にも厳しい制約があるが故に、こんなはずではなかった、という幻滅や不満が親たちに生じてくる。その思いは、教師の力量への批判や親同士の対立というかたちで噴き出してきた。それらは学校の屋台骨を揺るがせかねない深刻なものであった。

それらの幻滅や不満が参加費の自己申告額に反映されるようになる事態を筆者は危惧していたが、それは現実になった。開校当初の熱気が醒め、おそらくは第二期校舎建設の負担や開校以来の努力の末の疲弊感もあいまって、二年目、三年目と、自己申告額の平均は下がり続けたのである。思い出したくないことであるが、当時、この程度の教育にはこの程度の参加費、というひどい言葉さえ一部の親たちの間でささやかれた。学校の参加費収入は運営に必要な金額を大きく下回る事態となった。それでも学校経営が破綻しなかったのは、教師の給与もまた自己申告制度をとっていたからである。学校の財政的な苦しさを見越して、教師が給与額を自ら制限することで、学校は成り立っていた。

開校四年目に至って、この傾向が続けば学校の存続がおぼつかない、という危機感が強まり、参加費制度の見直しが学校運営の中心課題となった。開校後に学校づくりに加わった比較的新世代の父親たちが自発的に「参加費システムプロジェクトチーム」を結成、その議論をリードしてくれた（母親たちの力で立ち上がった学校の運営に父親たちが参加してくる過程や、そこでの「女性原理」と「男性原理」のバランスについては後述したい）。議論の大前提は、「学校をなりたたせる」ことと、「経済的な理由でやめる家庭を出さない」という二つの命題の両立であった。その焦点は、「自己申告」制度を続けるか否か。プロジェクトチームは、自己申告制から定額制への制度変更の可能性を模索したが、あくまで自己申告制度を維持すべきという意見も、特に開校当時に自己申告制度を決めた親たちの間で依然として強かった。その主張の根拠と考えられたシュタイナーの社会思想についての学校全体での学びも行われたが、後述するような、その思想そのものの難しさもあって、議論を決着させる決め手にはならなかった。半年間の精力的な議論の末、次年度に向けての結論を出さねばならないギリギリの時点で行われた一一月末の全体集会で出された結論は、「自己申告＋一律上乗せ」というものであった。これは、自己申告を行った後に、その総計と予算総額との差額（不足分）は家庭数で均等に割って、それぞれの自己申告額に上乗せして、各家庭の参加費額を決定する、というやり方である。これにより、基本的に自己申告を継続しても学校経営が財政的に破綻することはなくなる——はずであった。

この制度が実施された初年は、一律上乗せ額は子ども一人の家庭で月額およそ四〇〇〇円で済んだが、ふたたび二年目、三年目と、自己申告額が低下して行った。その分、一律上乗せ額は八〇〇〇円まで上昇する。一律上乗せ部分には減免も認められていた。それを申請する家庭が増えると、その分、他の家庭の上乗せ額はさらに上昇する。そうなると、あらかじめ上乗せ額を見込んで、当初の申告額を低く抑える傾向も出てくる。こうして、この制度もまた負のスパイラルに陥って行った。

(三)「定額＋減免・寄付」という制度

「自己申告＋一律上乗せ」制度を導入して三年目（開校七年目）、上昇した一律上乗せ額に対して、その上乗せ額出費の減免を申し出た家庭が三分の一以上に達したことが判明した時点で、私たちはこの制度の見直しに入った。二〇〇七年五月のＮＰＯ法人総会の日にこのテーマで全体集会をもち、困難な現状認識を共有した上で、新たな制度に向けての議論の手続きを決定した。新制度案を校内から広く募集し、集まった一〇以上の一次素案を、似通ったものは統合して四つの案に整理、それぞれの提案グループが九月の全体集会で趣旨説明と質疑応答を行なった。

その四つの案とは、Ａ案…開校時の自己申告制の趣旨と方法に近いもの（基本的に集まった申告額の範囲に支出を抑制し、教育活動を切り詰める）、Ｂ案…自己申告制を基本に、従来の匿名申告を公開申告に改め、予算額を確保できるまで申告を繰り返す、C案…定額制＋受け付けた減免申請をカバーする寄付基金（グリム童話にちなんで「星の銀貨」というニックネームがつけられていた）、D案…所得スライド制の導入（ただし各家庭の所得ランクは自己申告）。概略このような四案について、全家庭から意見収集アンケートを実施。一〇月、一一月の全体集会での議論を経て二案に絞り込み、C案とA案が残った。そして一二月の全体集会で最終案を決定した（これには約一四〇家庭中一〇〇家庭以上が参加し、事前投票を含めて投票率は九〇％だった）。全体集会では、一方では、定額制になった場合に「経済的理由で参加できなくなる家庭が出る」ことへの危惧から、他方では、収入が確保できない場合の教師給与へのしわ寄せや中長期見通しの立たない経営の不安定化への危惧から、切実で真摯な議論がなされた。結局、その「願い」と「現実」のディレンマの中で、後者への配慮として「定額制」を選択しつつ、前者への配慮である「星の銀貨（減免・寄付）」機能の充実に努力することを確認して合意——C案支持が三分の二強の投票結果を、満場の拍手で承認する——に至った。

（四）続く試行錯誤

この稿を書いている二〇一二年（開校一二年目）の時点で、この「定額＋減免・寄付」の参加費制度（「星の銀貨」システム）は五年目になっている。新しい制度になって、学校経営の収支はかなりの程度、改善した。依然として参加費収入が運営必要額を下回りながら、赤字分は何とか減価償却費の範囲内で、教師の給与もとりあえず最低ラインの目標は確保している。しかし、相変わらず決して楽観できる状態ではない。高等部（八—四制のシュタイナー学校の後半四年部分）進学の生徒数の増加に伴い上昇してきた全校生徒数がほぼ飽和状態に至って、今後、学校の制度的枠組みが大きく変わらない限り、収入の増加が見込めない状況で、私たちの試行錯誤は続いている。

二〇一一年度からはさらに手直しして、そこに「奨学金的な要素」を加えている。参加費減免分を、いずれ、未来の生徒への「星の銀貨」として返還・寄付してもらおう、というものである。「星の銀貨」システムになってから、参加費減免は親と教師の中から委託された「参加費コーディネーター」との相談で決定されるようになっている。その申請の際に、将来の返還の見通しを提示してもらうのである。といっても、それはあくまで見通しであり、返還は任意の寄付である。ある時払いの無利子の奨学金のようなもの、と言っていいかもしれない。この手直し案は参加費コーディネーターから提案された。みんなが楽に定額を支払い、潤沢に「星の銀貨」を拠出できれば、もちろんいい。けれども「出せない」あるいは「出さない」しんどさは、どうしてもある。そのしんどさと向き合うサポートをする役割のコーディネーターならではの提案であった。今、「星の銀貨」を利用する人も拠出する人も、そのことによって未来の学校を支えることでは一緒になる。そう考えると、参加費へのモティベーションも変わってくる。学校経営の収支見通しは、また少し改善して今日に至っている。

3　実践にとっての「思想」の意味と困難

(一) シュタイナーの「社会有機体三分節化論」

以上が「参加費」をめぐる私たちの試行錯誤の経緯である。さて、その際、私たちが当初、参加費「自己申告」制度を試みた理念的な理由があったと述べた。それがシュタイナーの「社会有機体三分節化論」という思想である。あいにくこれは彼の思想の中で最も解釈が分かれる部分とも言われており（それ故、教育方法に関しては共通性の高い世界中のシュタイナー学校の間でも授業料制度については対応が分かれている）、それをここで短く要約して紹介することはきわめて困難であるが、そもそもシュタイナーが何に対するオルタナティブとしてこの思想を提唱したのかを考えるならば、その核心を大づかみにすることは不可能ではないと思われる[5]。

理論の骨格は、社会の中で人間が人間らしく生きるために不可欠な三つの契機——精神、法・国家、そして経済——を分節化し、それぞれの位相ないし領域がそれぞれに自律的であることを求める、というものである。それぞれの位相ないし領域における原理は、フランス革命のスローガンになぞらえて、精神の「自由」、法の下の「平等」、そして経済の「友愛」とも言われている。ただし、この三つ目の「友愛」はきわめて誤解を招きやすい表現であり、私たちにとってもつまずきのもとであった（その問題は後述する）。シュタイナーの解釈に関する詳細な議論は省くが、それは明らかに商品の生産・流通・交換に関する諸条件を意味しており、むしろ「需要と供給のコーディネーション」と理解すべきであると筆者は考えている。いずれにせよ、精神の自由、法と国家における平等、経済のメカニズム——この三つが人間の生にとって本質的な契機であることは、ある意味ありふれた見解とも言える。肝心なのは、シュタイナーがその三つの自律性を特に強調し、その混同を厳しく戒めた点である。

シュタイナーがこの思想を提唱した第一次世界大戦直後、崩壊した古いヨーロッパの秩序に代わる新たな社会のあり方を構想することが当時の知識人にとっては喫緊の課題であった。その基盤として一般に考えられていた可能性は二つ。資本主義的市場経済か、社会主義的統制経済か、である。(この状況は、実は百年後の私たちにとっても変わっていない。二〇世紀における社会主義国家の実験の失敗が明らかになった後、資本主義の論理が新たに新自由主義とグローバリズムという衣をまとって世界を席巻する状況に私たちは直面しているわけである。)それに対してシュタイナーは、二つの可能性がそれぞれに陥るであろう隘路を既に見通し、そのいずれでもない第三の道を提起したのである。それが実に炯眼であったことは、その後の二〇世紀の歴史が証明しているように筆者には思われる。彼の「三分節化論」から見ると、資本主義と社会主義の隘路がきわめて明快に理解できる。それはいずれも、三つの領域のどれかが他の領域の自律を侵している事態なのである。

シュタイナーから見ると資本主義の体制とは、経済の領域の原理が、他の、精神や法の領域を支配してしまっている状態である。そこでは、思想も芸術も教育も、本来、人間の自由な精神活動であるはずの事柄が、需要と供給のメカニズムに従う「商品」となってしまっている。また、法=正義=権利(いずれもドイツ語ではRecht)も、金銭で購われ得るものとなってしまっている。たとえば私たちが新自由主義的「改革」による格差拡大を不当と考えるのも、このシュタイナーの視点からは、経済の論理によって「平等」が損なわれ、精神の「自由」が商品化されていることとの不当さ、と見ることができる。

それに対して社会主義の体制は、経済の原理の一元的な支配を批判した点では正当であった(と、シュタイナーはマルクスを一定、評価している)が、法の領域の原理である「平等」によってそれを克服しようとして、別の隘路に陥ることになると、シュタイナーは正確に予言した。事実、二〇世紀の社会主義国家が——資本主義とは別の仕方で——どれほど人間の精神の「自由」を蹂躙したかは、スターリニズムや文化大革命やポル・ポトのカンボジアを経た後世の私たちがよく知るところである。また、「平等」の原理によって経済をコントロールしようとした試みは、結局、経済の領域の活力を奪い、その社会体制そのものの崩壊を導いたわけである。

このような資本主義と社会主義の隘路の故に、それらに代わる第三の道として、人間的な生に本質的な三つの領域における活動が互いに侵すことなく自律的に営まれ得るシステムを構想することこそ、シュタイナーの「社会有機体三分節化論」の核心である、と筆者は理解している。

(二)「思想」の困難

さて、最初のシュタイナー学校が創設されたのは、この「三分節化論」が発表されたのと同じ一九一九年である。学校創設は明らかに、この社会構想を実現するための活動の一環であった。三つの位相の一つ、人間の精神の「自由」を実現するために不可欠な場が学校だったのである。このことは、今の日本でシュタイナー学校をつくっている私たちにとって、何を意味するのだろうか。——開校以前から何度も繰り返された問いの一つは、私たちはシュタイナー学校の教育方法だけを取り入れることはできるか、というものであった。それに対する答えは、その都度、ほぼ一致して「否」だった。教師は言うまでもない。母親たちも、既に土曜クラスのスタート時点から、シュタイナー教育を実践することとシュタイナーの思想を学ぶこととは不可分と考え、親の学びを学校づくりの柱の一つに位置づけてきた。それはまったく正当なことであったと考える。しかし、そのことは学校づくりの過程に時として困難ももたらした。それはどういうことだろうか。

端的に言うならば、それはシュタイナーの思想をいわばカノン（聖典、規矩）として受けとめてしまうが故のこわばりである。しばしばそれは、教師に対する親の不信や親の間での（そして教師の間でさえ）対立の原因となった。それぞれが自分のシュタイナー理解に基づいて、相手に対して「そんなのは本当のシュタイナー教育ではない」と批判する。とりわけ参加費をめぐる議論では、「経済の友愛」という理念に対する思い入れの強さ（おそらく、誤解）が、柔軟な議論を困難にしていたように思われる。上述のように、「友愛」という言葉でシュタイナーが意味していたのは、経済の領域での流通や交換の自律的メカニズムであった。それを、「払える人」が「払えない人」の分を補う「助け合い」の原理と捉えるのは、それが自由な行為を意味するのであれ、平等の実現を意味するのであれ、誤解であるのみならず、むしろシュタイナーが戒めた領域間の混同になってしまう。

それが結果的にもたらしたのは、まず教師の労働条件・生活条件の逼迫であった。「友愛」に対する誤解が「平等」を阻害してしまったのである。また、それは親の精神の「自由」にとっても困難である。そもそも、私たちはシュタイナーの言うような意味で真に自由な人間たり得ているだろうか。――卑近な例で語るならば、たとえばシュタイナー学校の子どもたちは、多くが楽器を習っている。楽器を買うにはお金がかかり、習うにはレッスン料がかかる。あるいは、シュタイナーのバイオダイナミック農法について学べば当然、食についての関心が深まり、子どもには安全な食品を食べさせたいと思う。ところが有機栽培の食品は相対的に高価である。そういう部分にお金をかければ、参加費に回せる金額は少なくなる。一人ひとりの親の中での、家庭の中での、そして親同士での、そのような葛藤から自由な人間は、どれだけいるだろうか。――その葛藤に向き合うことが、あるいは「自由」への修行なのかもしれない。しかし、少なくともそれは既に経済の領域の事柄ではない。シュタイナーの意味での「友愛」で語られる事柄ではない。

ただし、先にも触れたように、シュタイナーの「三分節化論」の解釈、そしてそれとシュタイナー学校との関係については研究者の間でも議論が分かれているのは事実である。従って、シュタイナー学校では自己申告制度を追求すべきだ、という主張も否定はできない。筆者はかつてドイツの三つのシュタイナー学校を訪問したことがある。老舗の二校の授業料は完全に定額制であったが、最も新しい一校は自己申告制だった。筆者はそのコーディネーター役の一人に話を聞くことができたが、彼女は微笑みながら次のように語っていた。「親は、家も欲しいし車も欲しい。そしてよい学校も欲しい。そういう親のエゴイズムを共に乗り越えて行くのは大変な仕事です」と。

(三) 「思想」と「ケア」

京田辺シュタイナー学校での「参加費」をめぐる私たちの議論と試みは、たしかにシュタイナーの思想に学びながら、それに触発されながらではあったが、その思想をカノンのように戴いて、それを実現しようとするのとは違っていたように思われる。むしろそこでの大きなモティベーションは、学校づくりの現実の困難のなかで仲間を思いやり、助け合おうとする気持ちであり、その意味での「ケア」の衝動だったと言うべきだろう。筆者は先に、シュタイナーの言う経済の「友愛」を参加費の自己申告制度に結びつけたのはその思想の誤解だったのではないか、と述べた。しかしそれは、ことによると論理的な一貫性を求める（求めすぎる）いわば「男性原理」からの批判かもしれない。わが子にシュタイナー教育を、と願った母親たちが、懸命に思想を学びながら仲間と共に学校をつくってきた過程は、（後述するように）合理性・効率性を追求する社会に生きる父親たちから見たら冗長で非効率的であるが故の――おそらく「女性原理」に特有、とも言えるであろう――勁さをもっていた。そしてそれは、シュタイナーの社会思想に学ぶと同時に、身近な仲間へのケアを通じて自らのエゴイズムを克服しようとする構えをもっていたが故に、まさに一つの教育的公共圏の生成過程であり得たと考える。

以下では、そのようにして「私」が「私たち」へ、そして「みんな」へとつながってきた私たちの学校づくりの過程を、あらためて教育的公共圏の生成という視点から考察してみたい。そこで私たちが大切にしてきたことや重要な契機となったことが、どうやらいずれも「ケア」という概念で語り得る事柄であるようなのである。

4 「私」を「私たち」へ、そして「みんな」へとつなぐケア

(一)「わが子への願い」は学校づくりの自明の出発点か？

「わが子にシュタイナー教育を受けさせたい」という親の願いによって、この学校は立ち上がり、多くの困難を乗り越えて存続している。そこにどれだけの時間と労力と、そしてお金が必要かは、右にその経緯を語った「参加費」をめぐる試行錯誤から、その一端を察していただけたかと思う。教師たちには（また親の中にも）シュタイナーの教育思想や社会思想への関心・共鳴から参加している人たちも少なくはないものの、学校づくりのエネルギーの中心が、親の「わが子への願い」にあることは間違いがない。

そこであらためて問うてみよう。親が「わが子によりよい教育を」と願うことは、一般に教育や学校を考える際の自明の出発点と言えるだろうか。近年の社会史的な研究ではそのような「心性」の歴史性も指摘されてはいるものの、今の社会では大部分の人にとって、それはごくあたりまえの自然な願いである、と思われるかもしれない。しかし、先に触れたような新自由主義的な教育「改革」の流れの中で学校をつくってきた私たちは、まさにその自明性を問い直さねばならなかったのである。

(二)「わが子への願い」の両義性

かつて、いわゆる「戦後教育学」においては、「私事の共同化」としての学校(堀尾輝久)という規定が示しているように、子どもの「発達」に対する「私的であるとともに根源的である」――と見なされた――親の願いに応答することが学校教育の根拠である、と考えられていた。その背景には、公=国家の統制に対する対抗理論という戦後教育学の基本性格があった。ところが臨教審以後、教育行政が「自由化」され、従来のような国家統制から市場競争に委ねられる部分が拡大してきた時、親の願いは、戦後教育学が想定していたように国家統制から解放された公共性を形成するのではなく、「私的な利害」を追求することによって、かえって教育の公共性の阻害要因となっている、という指摘がなされるようになっている(近年の教育学における「公共性」をめぐる議論については、詳しくは本書の第3章および第6章を参照)。たしかに、たとえば富裕な階層が地域の公立学校を見捨てて私学に走り、それができない階層だけが取り残される、という状況は憂慮に値する。しかし、それが好ましくないとしたら、いったいどのような対応が可能なのだろうか。わが子の教育に対する「私的」な欲望を制限する公共性の理念を、親に向かって説けばいいのだろうか。

ここで留意すべきは、戦後教育学も、また近年の新自由主義に対する一般的な対抗戦略――「私事化」に対抗して公的セクションを充実させようとする――も、いずれも親の願いを「私事」として「公」と対置し、両者を二項対立的に捉えている、という点である。それに対して私たちは、わが子の教育に対する親の願いを、親の「私的」な欲望を、それが或る意味ではエゴイズムであることを見据えた上で敢えて肯定して、そこから出発して教育的公共圏を構築する展望を模索したいと考えている。親のエゴイズムを、新自由主義との共犯関係に陥る方向ではなく、新たな公共性へと開く方向。「わが子によりよい教育を」という親の願いから敢えて出発して教育や学校を考えること。――京田辺シュタイナー学校での経験は、その可能性を指し示しているように思われるのである。

(三) ケアの原基としての「わが子への願い」

たしかに「わが子への願い」は容易にエゴイズムに転化し得る。しかしそれは、私が自分一人のために願う何か、だろうか。そういう側面も否定はできない。たとえば自分の老後を支えてくれるために子どもが安定した職に就くことを願ったり、子どもの進学先が親の評価を決めると思い込むが故にブランド校への「お受験」に狂奔したり。けれども、仮にそういう側面があったとしても、親の子どもへの教育的関心は、保険や年金をかけたりブランド商品を購入したりする「私的な」利害関心とはやはり異なるのではないだろうか。「わが子への願い」は、自分のためというよりも(それだけでなく、それ以上に)、目の前にいる子どもへの願いである。その子が困らないように助け、少しでも幸せになってほしいと願う、素朴でナチュラルな「ケア」への衝動であろう。それは、ノディングスが言うような意味での、助けを必要とする他者への愛他的なケア衝動の原基である。

そのように考えるならば「わが子への願い」は、或る意味では「私的」欲望であったとしても、自分以外の個体の生存や幸福を願うものであるが故に、私的利害に自閉したエゴイズムを超えて行く可能性をはらんでいる。根源的であるが故に強力なその力から出発して初めて、「私」の願いが「私たち」、そして「みんな」へと開かれて行く展望をもつことができるのではないだろうか。

（四）「わが子への願い」が「私たち」へとつながる

さて、その時、次に問われるのは、「わが子への願い」が「私の子ども」だけへの関心にとどまらず「他の子どもたち」への関心につながっていくかどうか、である。この回路は私たちの学校づくりの実践の中で、理念的な要請である以前に、さしあたり切実で現実的な必然として開かれてきた。というのは、そもそも「私の子ども」に願うものを実現するためには、「他の子どもたち」と共に学ぶクラスが成り立たなければならない。開校以来、「経済的理由によって来られない子どもを出さない」というスローガンが切実なものであり続けたのは、機会均等の理念や生徒数を増やす経営的配慮からというよりは、「子どもにたくさんの友達を」という親の願いの故であった。そして、「私の子ども」が楽しく学ぶためには「他の子どもたち」も楽しく学んでいる状況が必要である。——合理的には、そのようにも説明できるだろう。もっとも私たちの意識は、それ以前の素朴なものであったようにも思われる。

開校当時、全校でおよそ六〇家庭、一〇〇人の子どもたちと父母の顔を、私たちは互いにほとんど特定することができた。みんなの「顔」が見える規模。そして、上述のように一か八かの試みとして出発したこの学校は、海図の無い海を進む船のような、文字通り運命共同体だった。そのような状況では、「私たちの学校の、私たちの子どもたち」という、いわば共同体意識が自ずと醸成された。「私の子ども」から出発した親の関心は否応なしに「他の子どもたち」への関心に結びつく。

たとえば、この学校の一二年生は、夏に本格的な卒業演劇を上演し、二月には一年半をかけて取り組んできた各自の「卒業プロジェクト」のプレゼンテーションを全校の教師と親たちの前で行なって卒業して行く。みんなが熱心にそれを見守る。「あのちっちゃかった○○ちゃんが、こんなに立派に成長して」と喝采し、しばしば涙ぐみながら。卒業式の日、自発的に集まって小さな校庭を埋めた親たち後輩たちの長いアーチをくぐって、一二年生たちは学校を巣立って行く。そのとき卒業生たちは、「私」の子どもでも「他」の子どもでもなく、まさに「私たち」の子どもたちとなっていることを、筆者は毎年、実感する。

（五）子どもにとっては必要な「護られた同質性」

私たちの学校づくりでは、このようないわば濃密な共同性の中で「わが子への願い」が「私たちの子どもたちへの願い」へと開かれている。――こう述べると、おそらく直ちに、そのような共同性は同じ文化的背景や価値観を共有する人たちの、きわめて同質性の高い共「同」性ではないか、そしてそれは、異質なものに対して開かれている、多様性を要件とする「公共性」とは言えないのではないか、という疑問が呈されるだろう。先に触れたように、私たちは今、その問題を、学校の外の地域コミュニティとの関係として問う段階にようやく至っている。簡単な問いではない。けれども、こと子どもの教育に関しては、私たちのスタンスはかなりはっきりしている。

多様性は、大人の社会では尊重されるべきだろう。しかし、成長途上の子どもは、まずもって安心してそこに依拠できる安定した一つの価値観・世界観を必要とするのである。このことは、たとえば多文化主義教育の研究を参照すると明らかである。多文化主義教育というのは、決して子ども時代に多種多様な文化を教育するものではない。むしろ逆に、それぞれのエスニック・グループが、自分たちの文化（言語・慣習・宗教など）を子どもに教育することを尊重するものである。そのことによって、社会全体としては、支配的な文化に一元化することなく、多様な文化を保持できる。とりわけ子どもの場合、母語を奪われ家庭の文化を軽視される環境の中で育つことは、自尊感情やアイデンティティの形成に深刻な悪影響を及ぼす。それに対して、しっかりとした自尊感情やアイデンティティを先ずもって安定させた子どもの方が、他者に開かれ、異なる価値や文化への寛容さを高めることも明らかになっている。その逆、つまり、それが不安定である場合にこそ、揺らぎやすい自己を防衛するために、排他的に自らの価値・文化を固守しようとすることも。これは、たとえば学校全体の価値や指導方針が共有できず、それが不安定（多様）であればあるほど、子どもたちの中では排他的に同質集団をつくって共通の価値や行動様式を確認しあう行動（「いじめ」など）が強まることと、同型の問題である。

とすれば、同質性と多様性の問題は、そして共同性と公共性の問題は、大人になってからの社会と、子どもの教育の場とでは、ある程度まで区別して考える必要がある。シュタイナー学校では、おおよそ八年生までは、相当に同質性の高い、護られた場において子どもが育っていく。高等部（九〜一二年生）では、今度は逆に、おそらく一般の普通科高校とは比較にならないほど、校外の社会体験や国内外の留学をカリキュラムに取り入れている。校外の社会実習に出て行く高校生たちを見ていると、初めて出会う大人たちと臆するところなくコミュニケーションしている。おそらく、既に他の人間や世界への安定した信頼感をもち、自尊感情も高い生徒たちであるからだろう。

卒業生についても同様である。このユニークな学校で一二年間育ってきた生徒たちが、卒業後に「普通の」大学や社会に適応できるのか、という疑問がしばしば寄せられる。けれども、少なくともこれまでの卒業生の姿を見る限り、彼らは大学でも社会でも、その積極性、独創性、協調性に高い評価を得ているようである。つまり、同じ願いを共有した安定した学びの場で育った子どもたちは、長じて、異質な他者との開かれた関係の中に入って行くことができると言えるのではないか。子どもの成長を支える共同性・同質性は、大人の社会の公共性・多様性を阻害せず、むしろ促進する、ということを私たちは学校づくりの経験から感じている。

(六) 参加と意思決定のプロセス

もう一つ、この学校づくりが閉じた共同性ではないのか、という疑問に対しては、私たちの活動がボランタリーな「参加型」であり、公共圏の必須要件である「参加意識と自己決定」によって支えられ、「みんなに開かれている」ということも述べておくべきだろう。「みんなに開かれている」というのは逆説的に聞こえるかもしれないが、六歳になる就学児童をもつ家庭に地域の教育委員会から葉書が届いて学校を指定されて入学する公立学校は（学校選択制を導入している少数の自治体以外では）校区内だけに閉じられ、その学校に入学したい「みんな」に開かれているわけではない。自分の意志で決定したのではないので、参加意識も持ちにくい。それに対して京田辺シュタイナー学校は、そこに入学を希望するみんなに開かれているのである（「参加費」をめぐる苦心も、そのためである）。

この学校に子どもを通わせることを、親は相当の覚悟をして決意する。シュタイナー教育についての美談風の本をかじり、夢のような理想を描いて「出会いの会」（入学説明会）に訪れる人たちは、そこで率直に説明を受けるNPO法人学校の厳しい現実を前にして再考を迫られる。この学校では「授業料」ではなく「参加費」なのであり、それはわが子に与えられる教育サービスの対価ではなく、この教師の生活を支え、学校全体の存続を支えていく活動に参加するためのものだという説明を受ける。それは、サービスの受益者・消費者としてではなく、創造的で意味のある活動に参加する者として、その権利を得るための供出金である。出来合いの、「お上」や「官」がつくってくれた学校に子どもを預け、不満があれば「クレーム」をつけるスタンスとは全く異なるものが求められる。

近年、公立の学校でも「コミュニティ・スクール」のようなかたちで親や地域コミュニティの住民が学校運営に参加する試みが推進されている。教育研究者として筆者は、そのような試みはきわめて重要だと考え、自治体との協働も行なっているが、そこで求められていることは、京田辺シュタイナー学校で私たちが行なってきたことと原理的に変わらない。学校運営に対する親の参加意識、そして意思決定と実行に（教師の仕事の専門性に充分に配慮しつつ）実質的に関与できる仕組みである。これを実現するのは、しかし、容易なことではない。親の意識も、学校運営の仕組みや慣行も、簡単には変わらない。一見、多様性に開かれているはずの公教育において、新しい試みは、画一性と効率性を旨としてきた日本の学校教育の慣性力によって、すぐに押し戻されてしまう。にもかかわらず、そのような努力が続けられるべきだとしたら、私たちの学校づくりの経験は、親が参加する学校運営の実例として役立つかもしれない。その意味で、最後にとりわけ述べておきたいのは、この学校の意思決定のプロセスで大切にされていることについて、である。

(七) 仲間の「声」と「顔」

この学校の運営は、現在では隔週の土曜日に開催される「運営会議」で決定されている。NPO法人としては「理事会」や「総会」があるが、それらは学校の外部に対して法人としての責任を明確にする法的・対外的なものとして位置づけられ、事実上の最高決定機関は、この運営会議である。土曜クラスの時代、運営会議はほぼ毎週、木曜日の午前中から公民館の一室を借りて開催されていた。出席の義務があるわけではなかったが、ほとんど全ての家庭の(週日の昼間の会議の故)母親が参加していた。筆者がそれに参加するようになったのは、校舎を建築して全日制を立ち上げる決断をした直後、開校の一年前からだった。当時、開校に向けて山積だった課題に立ち向かう母親たちのエネルギーは驚異的だったものの、この運営会議、おそろしく時間がかかった。

土曜クラス時代、そして全日制開校後も当分、運営会議には「全員が納得するまで議論する」という原則があった(これがどこに由来したのかは後述する)。この学校で多数決が試みられたのは、上述の開校七年目の参加費をめぐる議論の際が、実に初めてだったのである(その際も、多数決の結果を最後にもう一度、全員で拍手で承認している)。通常は、たとえば——議論の末に結論が見えてくる。けれども一人のお母さんが「理屈はわかるのだけれど、何だかまだ腑に落ちない」と浮かぬ顔で発言する。すると、そのお母さんが（しばしば訥々と、あるいは饒舌に）語るのに、みんながもう一度耳を傾ける。その一人が本当に納得し、すっきりした声で「なるほど、わかった」と言えるまで、議論が続けられる。

正直なところ筆者は最初、こんなことではとても学校を立ち上げて運営して行かれない、と危惧した。そしてそれは、開校の前後から次々に運営に参加するようになった――企業での意思決定の手続きに慣れている――父親たちに共通する意識だった。何人もの父親が運営会議の議事の合理化・効率化を試みては「挫折」した。そのうちに父親たちにも、そこにこそ、この学校運営の勁《つよ》さがあることがわかってくる。（お母さんたちの好む言い方では）「互いの思いに耳を傾けること」「思いを共有すること」を経て得られた結論は、単なる合理的な結論ではなく、他ならぬ「私たち」の結論なのである。先に「私たちの子どもたち」という意識について述べた。実はこの意識もまた、運営会議での意思決定の仕方に象徴される学校づくりのプロセスの産物であろうと思われる。他家の「○○ちゃん」のことが他人事ではないのは、それが「わが子」の友だちであるからだけでなく、いつも互いに「思い」を聞き合い、一緒に学校を支える作業をしている、あの「○○さん」の子どもだからである。

ただし、開校から一〇年、学校の規模が大きくなってくると、運営上の意思決定に求められる質も量も、時間的制約も大きくなる。かつて性急に試みられて挫折した「父親的」な方法が、今度は徐々に、慎重に運営に取り入れられてきた。右に述べた「参加費」をめぐる試行錯誤は、制度変更の方向性も、議論の仕方も、まさに二つの原理――互いの思いとプロセスを大切にする「母親的」原理と、学校の存続を願うが故に合理性を志向する「父親的」原理――の間で、その時々の均衡を見出そうとする試みの繰り返しだったとも言えよう。運営会議もまた、少しずつ変わっている。みんなで時間をかけて「思いを共有する」プロセスは全体集会で確保しつつ、代表委任の要素を部分的に取り入れ、パワーポイントで議論を整理したり、議題毎の審議予定時間を設定したりと、合理化が進められている。(それもまた、たとえば授業準備に忙しい教師や、幼児の世話のために長時間の会議に出席できない親へのケアが大きな動機ではあるのだが。)それでも、この学校固有の意思決定のあり方は大切にされ続けている。運営会議の合理化が進み、その分、参加意識が低下してきたかな、と思われた時、最近では二〇一一年一月の、この学校での文部科学省の「リアル熟議」開催をきっかけに、新しい世代の親たちの主導で「学内熟議」が継続的に開催されるようになっている。そこでの「熟議」のプロセスに、筆者は今、土曜クラス時代のお母さんたちの運営会議を思い出している。

(八)「私」を「みんな」へとつなぐもの

親と教師が学校を立ち上げ、運営する営みが、新自由主義と親のエゴイズムの「共犯」に陥るのか、それとも新しい教育の公共性への展望を開くものなのか、というのがこの章の問いであった。「家も欲しい、車も欲しい、そしてよい学校も欲しい」という親のエゴイズムから自由になることはどんなに難しいか、参加費をめぐる試行錯誤の中で私たちはそれを今更ながら痛感している。けれども、それを乗り越えて「私たち」の学校をつくって行こうとする熱意の源も、また親の「わが子への願い」にあったことは間違いない。その願いがエゴイズムを越えて行く志向性と力とを持ち得たのは、それが自分一人ではない他者への根源的なケアの衝動であったからだろう。そしてその願いは、わが子の学校のために共に働き、思いを共有してきた仲間へのケアを通じて、確実に「私たち」の共同性へと開かれて行った。

この濃密な共同性も「わが子への願い」と同様、公共圏の形成にとって両義的ではある。けれども、子どもにとっては、まずは同じ願いを共有した安定した学びの場で護られて育つことが望ましく、そこで確立された自尊心やアイデンティティこそが、異なる価値や文化を生きる他者との開かれた関係を可能にする、ということを、私たちはこの学校で経験している。この同質性・共同性と多様性・公共性との逆説的な関係も、他ならぬ「教育的」な公共性を考える際に看過できないポイントであろう。「どの子どもにもある新しく革命的なもののために、教育は保守的でなければならない」というアレントの卓見を[6]、ここであらためて想起すべきかもしれない。そして、その学びの場を護り、いのちを吹き込んでいるのは、子どもたちと仲間たちへのケアであることも、本章で語った通りである。

このように私たちは、私たちの子どもたちがこれからの社会の公共性の担い手になることを願って学校をつくっている。と同時に、私たちの公共圏が今の学校の「私たち」にとどまらず、「みんな」へと広がり、つながっていくことを願っている。そこで最後に問うてみたい。その願いはどこに由来し、それを支えているものは何だろうか、と。

私たちの場合、その契機となったのは、やはりシュタイナーの思想であったと言うべきだろう。たとえば上述の、初期の運営会議における「全員が納得するまで議論する」という原則。共同体の意思決定が全会一致であるべきだ、ということをシュタイナーが述べているわけではない。しかし、それはたしかに母親たちがシュタイナーを学ぶ中から出てきた決まりであった。おそらくその由来の一つは、私たちの学校でしばしば引き合いに出される次のような言葉だった。「行為への愛において生きること、他人の意志を理解しつつ生かすこと、これが自由な人間の基本命題である」(『自由の哲学』)。ここでこの言葉の解釈を試みる紙幅は残されていないが、[7] このシュタイナーの言葉の意味を繰り返し考えながら、母親たちは仲間の思いに耳を傾けていたのである。シュタイナー思想の学びは、母親たちの素朴でナチュラルなケアの共同性に思想的な骨格を与え、より普遍的な公共性へと促すものとして作用していたと思われる。いわば、ケアに基づく共同性が公共性へと開かれて行く媒介としての思想性。——先には「社会有機体三分節化論」をめぐる「思想」の困難に触れたが、それでもやはり、シュタイナーの思想あっての私たちの学校づくりである。思想性もまた、両義的なのである。

私たちの学校づくりの試みは、NPO法人という枠組みも、シュタイナー教育という前提も、決して一般的なものとは言い難いかもしれない。私たちはこれからも、この個別的で具体的な私たち自身の場において試行錯誤を続けて行く。けれども、「ケア」と「公共性」という概念を通してそれを語ってみると、学校や教育に関するラディカルかつ普遍的な問いが立ち現われてくる。その私たちの物語りが、他の個別的で具体的な場において、同じような願いと問いを懐いて生きる人たちの営みと、もし響き合うことがあるなら、幸いである。

註

[1] この章の内容は、学校づくりの仲間でもある畏友吉田敦彦氏との折々の討論と次の共著論文に依拠している。西村拓生・吉田敦彦「NPO法人による学校づくりにおける教育的公共圏の生成——京田辺シュタイナー学校の事例から」『〈公共圏〉を生成する教育改革の実践と構造に関する総合的研究』平成一七年度〜一九年度科学研究費補助金（基盤研究B）研究成果報告書（研究代表者　菊地栄治）、二〇〇八年、二九—五五頁。

[2] 京田辺シュタイナー学校では二〇一一年一月一〇日に「みんなでつくる学校——新しい公共型学校の豊かな可

能性」というテーマで文部科学省の「リアル熟議」を開催し、コミュニティ・スクール関係者をはじめとする様々な分野の人たちとの対話を試みた。報告書は、文部科学省の熟議サイト《https://jukugi.mext.go.jp/archive/473.pdf》を参照。

［3］NPO法人京田辺シュタイナー学校編著『小学生と思春期のためのシュタイナー教育——七歳から一八歳、一二年間一貫教育』学習研究社、二〇〇六年。

［4］「運営会議」「全体集会」といった運営組織については本章の第4節でも説明しているが、詳細は［3］の前掲書をご参照いただけると幸いである。

［5］この思想が論じられているのは、R・シュタイナー（高橋巖訳）『現代と未来を生きるのに必要な社会問題の核心』イザラ書房、一九九〇年。「三分節化論」をめぐる議論の広がりについては、R・ギーゼ編（伊藤勉他訳）『ルドルフ・シュタイナーの社会変革構想』人智学出版社、一九八六年を参照。また、シュタイナーの思想体系における認識論、行為論と社会思想とのつながりについては、次の拙論において考察の端緒を提起している。西村拓生「あえてシュタイナーのシラー論を語ってみる——「美と教育」再論への一つの試み」『近代教育フォーラム』第二一号、教育思想史学会、二〇一二年、四五—六六頁。

［6］H・アーレント（引田隆也・齋藤純一訳）『過去と未来の間』みすず書房、一九九四年、二五九頁。

［7］この言葉の解釈については、前記［5］の拙論をご参照いただけると幸いである。

第3章——「教育的」公共性のアポリアと〈アリストテレス〉

1 教育における「公」と「私」を問い直すために

既に第1章、第2章でも触れたように、およそ過去二〇年間、日本の教育学においては教育の「公共性」が一つの大きな議論の焦点となってきた。一九八〇年代の臨時教育審議会以来の教育行政における「規制緩和」や「市場原理の導入」を契機として、公教育の「公」性とは何かが、あらためて問われる事態となった一方、それはまた、もはや単に教育政策・行政の基本原則の問題にはとどまらず、家庭と学校と社会における教育のいわゆる「私事化」傾向に我々はどのように対応すべきか、という問題としても問われてきた。それに対して、教育学においては新しい教育的公共性の構想が様々に議論されてきた。本章では、そこにアリストテレスの思想を対置することにより、今日の「教育的」公共性論の可能性とアポリアについて考えてみたい。後述するように、アリストテレスは今日、公共性が論じられる際の一つの大きな思想的源泉となっている。と同時に、言うまでもなく、アリストテレスの生きた古代ギリシアのポリス社会と我々の社会とでは「公的なるもの」と「私的なるもの」という概念が意味をなす地平自体が大きく隔たっている。しかし逆に、その隔たりの大きさ故にアリストテレスのテクストは、教育における「公」と「私」の問題を、ともすれば「国家／個人」といった二項対立的な実体概念によって捉えがちな我々の思考に亀裂を入れ、「公／私」のあり方を語り直し、新たに構想する契機ともなることが期待されるのである。その際、本章ではとりわけ、アリストテレスの実践概念に基づいて政治的公共性を論じ、今日大きな影響力をもっているハンナ・アレントの思想を考察の補助線として用いることにしたい。

2　「公共性の創出過程としての学校」構想とアリストテレス

(一) フロネーシスとポリス共同体――アリストテレスの実践概念

「国家全体の目的は一つである以上、明らかに、教育もまた一つであるべきである。すなわち、全ての人々にとって同一であるべきである。そして、教育への配慮は公的なものであるべきであり、私的なものであってはならない。」(『政治学』第八巻第一章、1337 a20)[1]

この一節は、従来しばしば、アリストテレスの教育論の「ポリス至上主義」的基調を示すものとして解釈されてきた。素朴に読むならば、それは時代錯誤の極端な国家主義的主張として問題外とされるか、あるいは今日指摘される「私事化」の趨勢に対して、教育の「公」性を振りかざして「私的なるもの」を抑制しようとする、多分にナイーブな本質主義的言明として利用され得るかもしれない。しかし、我々がこの『政治学』の一節を読む際には、まず、以下のようなアリストテレス固有の実践概念と、それにとってのポリス共同体の意味を理解しておく必要がある。

アリストテレスの実践概念は、しばしばプラトンのそれとの対比によって特徴づけられている。プラトンにおいては、よく知られた「洞窟の比喩」が示すように、超越的なイデアの世界を観照した哲学者が洞窟内に持ち帰る真理こそが「善き生」の尺度であった。それに対して、アリストテレスにおいては「善き生」はフロネーシス（実践知）によって導かれる、とされる。フロネーシスとは、唯一普遍の真理を見いだそうとするソフィア（理論知）とは異なり、人間にとっての諸々の善と悪について、所与の個別的なことがらを慎重に比較考量しつつ、その都度の状況に応じて最善の道を選択して行為することを可能にするものである（『ニコマコス倫理学』第六巻第三～八章）。フロネーシスによって導かれる実践の場はポリス共同体以外にはあり得ない。それ故、アリストテレスにおいては、「善き生」はポリス共同体における他者との共同の生＝プラクシス（実践）と相即的である。総括的に言うならば、アリストテレスの実践概念は、プラトンの善のイデアのような「善さ」の審級を共同体の外部に措定するのではなく、それは日常的な生における共同性に内在している、と捉えるものである。

このようなアリストテレスの実践概念が、個人の生に対する共同体の存在論的優位を主張する「共同体主義」や、「判断力」の実践的・政治的な意義を強調するガダマーやアレント等の倫理学・政治学理論の源泉となっていることは周知の通りである。それは今日、近代に固有の意味での国家と個人の二項対立に回収され得ない新たな共同性のあり方を構想しようとする際の哲学的な拠り所として受容されているのである。政治学の佐々木毅によれば、今日、政治思想の領域においてアリストテレスの実践概念は大きな影響力をもっているという。曰く、「アリストテレスは、しばしば自らの師プラトンの名前を濫用した巨大な、そしておぞましい政治的実験の廃墟から蘇った。……二〇世紀前半がプラトンの時代であったとすれば、後半はアリストテレスの時代になった〔2〕」と。このような思潮とそこでのアリストテレス解釈を踏まえるならば、我々は前述の『政治学』の一節を単純に教育の国家統制の主張として読むことはできないように思われる。そして実際、近年の教育学における公共性をめぐる諸々の議論も、この「アリストテレスの時代」の思潮と決して無縁ではないのである。

(二) 公共性の創出過程としての学校——新たな教育の公共性に関する諸構想

「教育」と呼ばれる営みの「公」性と「私」性をめぐる今日の我々のアクチュアリティとアリストテレスとを連結する一つの可能性は、前述のような彼の実践概念と、学校を一つの共同体と見立て、そこから新たな公共性を創出して行こうとする諸構想との同型性ではないか、と考えられる。

たとえば佐藤学は、子どもと教師と保護者や市民たちが互いに学び合いつつ教育の公共圏を創造する、という「学びの共同体」構想を提起している。佐藤の構想は、学校の外部にそれを基礎づける公共性(たとえば「国民国家」のそれ)を求めるのではなく、むしろ学校を公共性創出の過程そのものとして再定義し、その過程以外の何ものにも立脚しないことによって、逆に学校を民主主義的な公共性の実現のための本質的な契機とする、という戦略である〔3〕。

奥平康照は、近現代の学校は常に全体的な社会構想を前提として成立していたが、その前提が見えないところに現代学校の困難がある、と現状を分析する。それに対して奥平は「学校再生のためには、……学習内容を学習者たちと教育者たちが対話・討論・論争を通じて共同で決定し、学習者と教育者が共同して社会構想をつくりつつ、社会参入の展望を切り開いていくという道しか残されていないだろう」と述べる。

このような奥平の展望も、「全体社会構想＝公共性」を学校教育の「前提」とするのではなく、むしろ学校における「対話と学習」によってこそ公共性が「築かれ続ける」という道筋を描いている。[4]

小玉重夫は、規制緩和や学校選択の自由化といった、公教育への市場原理の導入を、ネオリベラリズムの市場主義とは異なった理由で積極的に評価する。それは、市場原理の導入によって、むしろ「異質で多様な社会的アイデンティティ」を創出する「学習過程の民主化」が可能になり、「日本社会における新しい公共性の構築」が可能になる、と考えるからである。ここに見られるのは、市場原理をバネに学校そのものを新たな公共性創出の場として再定義して、そこから社会関係・権力関係総体のオルタナティブな組み替えまでを展望しようとする戦略である。[5]

いずれの議論にも共通するのは、学校の外部にそれを基礎づける公共性を求めるのではなく、逆に学校を公共性の創出の場ないし過程として――その際の鍵概念が「アソシエーション」（佐藤）であれ、「対話・討論・論争」（奥平）であれ、「市場性」（小玉）であれ――再規定、再構築しようとするスタンスである。かつて学校には、国家にせよ地域にせよ、何らかのレベルでの公共性を基盤にして、その公共性を再生産する機能が託されていたと考えられる。だが今や、そのような基盤は自明性も現実性も失っている。そこで学校には、新たな公共性を自ら創出しつつ、同時にそれを自らの基盤とするという――あたかも自分の靴ひもを引いて自らを深みから引き揚げるような、形式論理的にはパラドキシカルな――循環的過程となることが求められている、と言うことができるだろう。

このパラドキシカルな過程の可能性の担保となるのが、他ならぬアリストテレス的な実践概念なのである。では、それは如何にして可能なのか。その根拠づけの試みを我々は、アリストテレスにおけるソフィアとフロネーシスの区別を下敷きにした、アレントによるカントの『判断力批判』論に見ることができる。

(三) 美的＝政治的判断力によって生成する共同体——アレントの『判断力批判』論

カントは『判断力批判』において、美的判断が主観的な個別判断でありながら普遍妥当性を要求するという一種のパラドックスに着目した。すなわち、美的判断をする際に我々は、決して外部の客観的な美の基準に従って「美しい」と感じるのではない。にもかかわらず、我々は「美」に関してパブリックに議論することが可能である。それは、美的判断には人間一般に妥当する、いわば主観的普遍性が内在しているからである、と。[6] そのような美的判断を可能にしているのが、「規定的判断力」に対する「反省的判断力」の存在である。前者が、所与の普遍的な規則に従って特殊を普遍に包摂するのに対して、後者は、あらかじめ普遍的規則が与えられていない時に、所与の特殊的なものを比較考量し、それらが(把握しがたい)普遍的なものに適合するか否かを判断する能力である。人間が後者の感覚と能力を持つことの証が、美的判断の成立なのである。

アレントは、カント自らによってさえその重要性が看過されていた、このような判断力の政治的意義を強調する。[7] 曰く、「美的判断力の活動は他者との共存、すなわち「他者との世界の共有」によってつくり出される間主観性の所産に等しく、それ故に判断力を行使する人間は、自律的個人である以上に共同存在としての人間でなければならない」と。従来はカントから帰結する政治思想といえば、主として第二批判に基づき、「純粋に理性によって見いだされるべき超越的な真理への帰依をその存立根拠とする合理的共同体」を志向するものとなる、と考えられてきた。そのような、いわばプラトン的な「哲学者の真理」に基づいた共同体に対して、アレントが提起しているのは、「そこに居合わせている人々全員のパースペクティブにおいて物を見る能力」である美的＝政治的判断力によって生成する――「市場のドクサ」にこそ基づいた――共同体の構想である。[8]

以上、一瞥したようなアレントの『判断力批判』論は、アリストテレス的な実践概念に基づく共同体の現代における可能性を示そうとしたものである。（ここで、問題の『政治学』第八巻の教育論が第三章以降、主として音楽を論じて終わっていることを想起してもよいだろう。）それを踏まえて、先に挙げた近年の教育の公共性に関する諸構想を、「アリストテレスからアレントに至る、判断力に政治的意義を認める思想的系譜」[9]（ハーバーマス）の上に位置づけて捉えること、あるいは少なくとも、それらの理論的なプロトタイプをアリストテレスに見ようとすることも、あながち見当違いとは言えないと思われる。今日、我々がアリストテレスを読むことは、学校を「公共性の創出過程」として再規定、再構築しようとする近年の教育的公共性論の射程を問うことと相即的なのである。

3　「教育的」公共性のアポリアと、「絶対的な外部」を措定する戦略

（一）所与の共同体への同一化の不可避性――教育という営みの本質的保守性

ところでアレントには、以上のような「政治的判断力」論に基づくラディカル・デモクラシーの政治思想と、教育論における保守主義との、逆説的な結びつきがあることは周知の通りである。曰く、「まさに、どの子どもにもある新しく革命的なもののために、教育は保守的でなければならない」。ただし、「我々は、

権威の概念と過去への態度――これらは教育の領域にはふさわしいが、大人の世界では普遍妥当性をもたないし、また要求してもならない――を教育の領域にのみ適用するために、教育の領域を他の領域、とりわけ公的―政治的生活の領域から明確に分離しなければならない[10]」と。

アリストテレスの実践概念に基づくアレントの共同体論は、確かに二〇世紀前半、政治思想における「プラトンの時代」に同一性の暴力を痛切に体験した後の、あり得べき社会構想として可能性をもつものかもしれない。また、教育の公共性をめぐる議論においても、それがたとえば学校のあり方を外から規定する社会的諸関係のレヴェルに限定されるならば、やはり有効性を認めることができるだろう。しかし、「教育的」公共性という概念が仮に、教育という営みに固有の関係性――大人と子どもの間の、本質的に非対称的な、それ故、アレント自らが言うように「権威」がポジティブな意味をもち得る関係――における「公」のあり方を意味するとしたら、アレントの政治思想の文脈における共同体の構想を、ただちにそこに適用することはできないはずである。それは、アレントが厳しく退けている教育の領域と政治の領域の混同であり、教育における権威の失墜をもたらした――とアレントが批判している――児童中心主義と同じ轍を踏むことになってしまう。まさにそこに、政治的公共性ならざる「教育的」公共性を構想しようとする際に固有のアポリアがあるように思われる。

このような、教育という営みの本質的な保守性の指摘は、無論、アレントに限られるわけではない。たとえば、やはりアリストテレスの実践概念を源泉としつつ、個人に対する共同体の存在論的優位を主張する「共同体主義」の立場からすると、教育においては所与の共同体への同一化が不可避である、という事実が強調されることになる[11]。

我々は、このような教育の本質的な保守性を否定することはできないと考えられる。だとすれば、他ならぬ「教育的」公共性を構想しようとする際には、教育においては所与の共同体への同一化が——少なくとも、いったんは——不可避である、ということを事実上前提せざるを得ない。冒頭にその一節を引用した『政治学』第八巻第一章のテクストは、近代的な意味での国家による教育の統制の主張ではなく、ポリス的な共同体をこそ教育は基盤とすべし、という（前節で示したような）主張として読まれ得るとしても、同時に、現実の教育は常に所与の共同体の共有善を前提として行なわれざるを得ない、という共同体主義的なトーンをも強く響かせているように思われる。

しかし、我々はこのような教育における所与の共同体への同一化の不可避性に開き直ることも許されない。それが不可避であればある程、それを同一性の暴力から解き放ち、共同体の「他なるもの」へと開くことが求められるはずである。「教育的」公共性を構想しようとする際に我々は、他のどの領域における公共性論にも増して、この問題を厳しく問わざるを得ないと思われる。そこで、問題の『政治学』のテクストからは一見「ポリス至上主義」とも見えるアリストテレスの教育論に、そのようなポリス共同体の教育を相対化する契機は無いのか、というのが次の論点となる。

（二）「ポリス的生」と「観照的生」——〈アリストテレス〉と〈プラトン〉

「全体として徳をつくりだすものは、共通善のための教育への関心から定められた法によって規定される諸行為である。しかし、個人一人ひとりの教育——この教育によって、人はその人自体として善き人となる——について、それが政治術に属する問題であるのか、それとも他の術に属する問題であるのかは、後で規定することにしよう。というのは、善き人であることと、任意の或るポリスにおいて善き市民であることとは、おそらく同じではないからである。」（『ニコマコス倫理学』第五巻第二章、1130 b25–29）

この『ニコマコス倫理学』における教育論は、問題の『政治学』のテクストのそれとはやや異なった趣を示している。ここではアリストテレスは、「共通善のための」公的な教育と、「人がその人自体として善き人となる」ための個別的な教育とを区別しているのである。これら二つの教育の関係を決するのは「ポリス的生」と「観照的生」の関係であるはずだが、その問題については同書の最終章に至っても結局、主題的に論じられてはいない。たしかにアリストテレスにとっては、「善き生」は具体的なポリスの市民としての活動において初めて可能であった。その意味で、彼は「ポリス的生」を重視する。しかし他方で『ニコマコス倫理学』において、人間にとって最高の生は――プラトンの哲学者のイデアの観照とは異なるにもかかわらず、再度「ただちにプラトンを想起させるような」[12]――「観照的生」とされている（第一〇巻第七章、1177 a17 他）。そこで、「ポリス的生」と「観照的生」との対立が一種のアポリアとして「彼を常に脅かしていたように思われる」という指摘もなされることになるのである。[13]

この対置の構図を、ポリス共同体の人為的な規範・秩序＝ノモスを相対化する視点として読み得るか否かについては、いわゆる「プラトニズムの残滓」をめぐるアリストテレス解釈の根本問題に関わるが故に、軽々に判断することはできない。しかし、ここで問題とすべきはアリストテレス解釈の如何ではなく、問題の構図そのものである。すなわち我々はそこから、いわばあくまで共同体の内部にとどまる〈アリストテレス〉に対して、共同体の外部に超越的な審級を措定する〈プラトン〉という、共同体論における対照的な戦略ないしスタンスを、あらためてアリストテレスのテクストの中に読みとることができる、という点が重要である。そしてこの対置の構図を踏まえて、「ポリス的生」を生きる「善き市民」の教育論と読まれ得る問題の『政治学』の教育論を、「観照的生」を生きる「善き人」の教育という視点によって相対化できないか、というのが本章における基本的な着想である。

(三)「絶対的な外部」を措定する戦略

この「善き人」の教育によって「善き市民」の教育を相対化するという戦略、換言すれば〈アリストテレス〉に敢えて〈プラトン〉を対置するという戦略は、ことによると反動的、あるいは「ポスト形而上学の時代」における非現実的な見込みのない賭である、という批判を招くかもしれない。たしかに、しばしばプラトニズムこそ同一性の暴力の元凶であると見なされているのは周知の通りである。しかし、それと同じ嫌疑が近年、アレントの政治思想に対して提起されている、というのは興味深い事実である。それは、アレントのカント解釈は「共同体を担保するものとして概念に代わって美もしくは共通感覚の共約可能性に依拠しているだけであって、同一性の暴力、秩序化の圧力に屈している点では違いがない[14]」という、ポストモダニズムの立場からの批判である。そのような批判を我々は、いわば〈アリストテレス〉に対するものとして一般化して受けとめることができるように思われる。

ところでアレントは、プラトンのイデアには「観照されるべき真実在としてのイデアと適用されるべき尺度としてのイデア」という二重性があることを指摘している[15]。「哲学者がイデアの天空から持ち帰ってくる」、すなわち共同体の「外部」からもたらされる理念が共同体の内部で「尺度」として適用されるならば、それはやはり「同一性の専制」をもたらすことになるだろう。しかし、それがあくまで共同体の

「外部」にとどまるとしたらどうであろうか。

プラトニズムにそのような契機があることを、加藤守通は新プラトン主義者のクザーヌスにおける「否定神学」――神の絶対的な無限を強調する立場――に指摘している。曰く、「クザーヌスの考えでは、存在のヒエラルキーは神を他の有限な存在者と比較可能なものにするが、無限なる神はあらゆる存在から無限に離れている以上、神により近い特権的な存在者は存在しない。結果としてあらゆる存在が神に対して同等の距離に置かれることになる」[16]と。すなわち「無限なる神」は決して「尺度」とはなり得ないのである。むしろ逆に、「無限なる神」という絶対的な「外部」、あるいは絶対的な「他者」を――それが実在であれ仮象であれ隠喩であれ――措定することにより、我々は自らの立場の有限性、特殊性の自覚を常に促され、共同体の内外の他者との対話へと開かれ得る。それは、同一性の強制へと陥らない「柔軟で謙虚な形而上学」の模索を可能にするのである。

同様の発想が、ポストモダニズムの思潮における「崇高」概念への関心の高まりにも見られる。(「崇高」概念が思想史的に新プラトン主義の系譜と強い結びつきを有していることは周知の通りである。)その代表的な論者であるリオタールは、アレントと同じくカントの『判断力批判』を解釈しつつ、彼女とは対照的な議論を示している[17]。リオタールにおいては、狭義の「美」が統一性や全体性の名のもとに異質なものの抑圧、同一性の専制を招来するのに対して、「崇高」はむしろそれを破砕し、差異や多元性を可能にするが故に重視されるのである。その根底には(しばしばポストモダニズムに対して投げかけられる非難とは異なり)他者へのラディカルな責任性の理念が存在しているように思われる。そこでの他者は「美の普遍的な伝達可能性」[18](ハーバーマス)に基づいてコミュニケーション可能な他者ではなく、私にとって絶対的に到達不可能な、それ故に畏敬すべき「謎」としての他者である。「崇高」とは、この絶対的な他者性のメタファーであり、その概念によって鋭く主題化されるのは、まさに共同体の同一性の「外部」の問題に他ならないのである。

リオタールのような議論が政治思想一般の文脈において、果たしてどの程度の有効性をもつのかについては、ここで判断することはできない。しかし、少なくとも「教育的」公共性を問題にする限り、あくまで共同体に内在して教育を根拠づける〈アリストテレス〉に対して、いわば「否定神学」的に改訂されたプラトニズムを対置するという戦略は、あらためてその可能性を検討されて然るべきではないだろうか。何故なら、前述のように、教育においては所与の共同体への同一化が不可避であり、それ故にこそ、同一性の暴力に歯止めをかけ、共同体の「他なるもの」へと開かれることが、とりわけ強く求められるからである。「絶対的な外部」を措定するという戦略が、そのための一つの有効な契機となるのではないか、というのが本章における二つ目の論点である。

4 「私的なるもの」の位置づけに関する問い

(一) 自らの子どもの教育に対する親の「私的」関心の両義性

さて、もう一点、アリストテレスの読解を通じて、「教育的」公共性を考える際に問われるべきと思われる問題の主題化を試みたい。それは、自らの子どもの教育に対する親の関心や願いを、教育の公共性をめぐる議論の中に、どのように位置づけるべきか、という問題である。

概括的に言って、戦後の教育学においては、子どもの「発達」に対する「私的であると共に根源的である」（と見なされた）親の願いに応答することが学校教育の公共性の根拠である、と考えられていた。ところが教育の「私事化」の趨勢に直面した近年の議論の中では、しばしば親の願いは「私的な利害と国家的・経済的な利害の共生の罠」や「国家主義と個人主義の共犯関係」といった文脈で語られている。[19] それは、あたかも真の教育的公共性にとって、いわば克服されるべき阻害要因と見なされているかのようである。

冒頭で引用した『政治学』第八巻第一章を読む限り、アリストテレスの議論は後者と同様の論調を示している。そこでは、「現在、各人は自身の子どもたちについて私的に配慮し、何であれ、よいと思われる私的な学び事を教えている」というあり方が、「教育への配慮は公的なものであるべきであり、私的なものであってはならない」として否定されている。教育に対する公的な配慮を欠いては国制が損なわれるから、というのが、その理由である。しかし、再び『ニコマコス倫理学』に目を転ずるならば、アリストテレスの議論はそれほど単純ではない。

「このようなことがら（ポリスの市民の教育）については公的で適正な配慮が与えられることが最善であるが、それがなおざりにされている場合には、各人が自らの子どもや親しい者たちが徳に至るのを助け、各人の手で公のなすべきところを遂行することが必要となる。」（第一〇巻第九章、1180 a30）

「（教育に関して）ポリスにおいてはポリスの法や習俗が力をもつように、家においては父の戒めや習慣づけが力をもち、しかも血縁のつながりと子に与えられた恩義の故に、その力はポリスのそれ以上に強い。……さらに私的な教育は公的な教育よりも有利な点をもっている。それはちょうど医療の場合に似ている。

（それは私的な教育の方が個別に適切な配慮を与えることができるからである。）」（第一〇巻第九章、1180 b4 以下）

ここではアリストテレスは「私的な教育」を必ずしも否定しておらず、むしろ「公的な教育」に優る点もあることを認めている。ただし、それは「公のなすべきところ」をそれに代わって遂行することであり、子どもが「徳に至るのを助ける」という意味で、むしろすぐれて「公的」なものとして論じられている。

『ニコマコス倫理学』にはもう一か所、注目すべき論述がある。それは「フィリア」に関する議論の中で、親子間の愛（フィリア）の特殊性を論じている部分である。

「いかなるフィリアも共同性において成り立つことは既に述べた通りである。しかし、血縁的なフィリアと親友の間のフィリアは、他のものから区別して考えることができるだろう。……血縁的なフィリアも多様であるが、それらは全て親子間のフィリアに依っていると見られる。こうしたフィリアにおいては、親は子を自分の一部として愛するのであり、子は親を、自分はそこから生まれ出たものであるという意味において愛する。……かくして親は子を自分自身のごとくに愛する……。」（第八巻第一二章、1161 b11 以下）

アリストテレスは、親子間のフィリアと共同性一般において成立するフィリアとを区別するのである。では、そのような「親が子を自分自身のごとくに愛する」フィリアの存在は、教育に対する配慮に、どのように帰結するのだろうか。それを考えるために、さらに「自愛」（自分自身に対するフィリア）に関する議論（第九巻第八章）を参照しよう。そこでは、通常「自愛的」と呼ばれる、「金銭であれ名誉であれ肉体的快楽であれ、他人より多くを自分に分かち与える」世人のあり方と、「正義であれ節制であれ、その他およそ徳にかなった諸々のことがらを、他のいかなる人よりも以上に行うこと」とが対比され、後者こそ本来「自愛」と称するにふさわしい、と主張されている。

これらの議論から解釈する限り、アリストテレスは我が子の教育に対する親の「私的な配慮」を否定しない。「金銭や名誉や肉体的快楽」を自分自身に対するごとく子に与えようとする、非本来的な「自愛」に準ずる配慮はおそらく否定されるであろうものの、「徳にかなった」私的な配慮はむしろ好ましいものとされるのである。のみならず、私的な教育は親子間のフィリアの特殊性の故に公的な教育以上の力をもち得る、という事実をアリストテレスは認めていた。総じて、「公的な教育」と「私的な教育」とは二項対立的に相いれないものではなく、或る限定が加わることによって「私的な教育」もまた「公的」な意味をもち得るとされている、と解釈することができるのである。

このようなアリストテレスの議論を、「私的なるもの」の両義性を本質的な契機として織り込んで「教育的」公共性を構想する一つの手がかりとしたい、というのが本章における最後の論点である。これまで教育学は、高度成長期以降の教育における「公／私」概念の流動化に、必ずしも充分に対応できてこなかったように思われる。その原因の一端は、教育における「私的なるもの」である親の願いや関心が、前述のように一面的に肯定されるか一面的に否定されるかのいずれかであって、「親が子を産み、育てる」という営みのリアリティにおいて捉えられてこなかった、という点にあるのではないだろうか。それに対してアリストテレスは、一方で「私」に対する「公」の優位を――その根拠がノモスであれピュシスであれ――明確に主張しつつ、他方、「私的な教育」の力を「親は子を自分自身のごとく愛する」という親子間のフィリアの特殊性の故に認めている。「私的なるもの」は、まさに両義的なものとして把握されている。そこには、『国家』篇において「妻子の共有」までも主張したプラトン――アリストテレスは『政治学』第二巻でそれを批判している――に比して「現実主義者」アリストテレスの面目躍如たるものがあるように思われる。

(二)「子を産み、育てる」という営みの実存的な切実性

とはいえ、「教育的」公共性の構想に「私的なるもの」を位置づけ直す、という課題にとってアリストテレスは、あくまで議論の端緒にとどまるかもしれない。近代的自我や近代家族を自明とする我々の地平とアリストテレスのそれとの隔たりは、やはり大きい。のみならず、そこでアリストテレスを引き合いに出すことに対しては、アレントが説いている古代ギリシアにおける公的領域と私的領域の区分を敢えて混同するものではないか、という反論が予想される。それに対しては、アレントが公的領域の復権を主張するのは、それが人間の生に「意味と尊厳」を与え、「死すべき存在」の虚しさを克服する、いわば実存的な生の条件であったということ、そして、「子を産み、育てる」という営みもまた、公的領域における「現われ」と同様に、人間の「不死性」の追求の一つの仕方であり得たとアレント自身が述べていることだけを、ここでは指摘しておきたい。

すなわち、アレントの公共性論の根底には、人間の生を「個体としての生命、すなわち誕生から死に至る生の物語としての輪郭をもつビオス」と「生物学的な生命としてのゾーエー」という二つの位相に分ける発想がある。人間は、その種の一員としては、後者の生物学的な生命の循環のうちにあるが、前者がその「外側に生い立ち」、「生命の循環運動を断ち切る」ことにより「死すべき存在」となる。古代ギリシアにおいてポリスの政治的共同体はそのような生命の可死性の虚しさを克服しようとする必要から創設され

た、とアレントは述べる。実に「不死性への衝動が政治的共同体の基礎にあった[20]」と。自らの行為と意見に対して応答が返される「現われの空間」、すなわち公的領域の外では、人間の生はその「意味と尊厳」を根本的に剝奪されてしまう。その意味で公共性は人間にとって、いわば実存的な生の条件であった、というのである。

だが、この「死すべき存在」の虚しさの克服という意味での「不死性」の追求は、他の二つの仕方でも行なわれていたことをアレント自身、論じている。一つは、「子をもうける」ことにより生物学的な生命の再帰的循環に与る、という仕方である。プラトンは、それが一般の人間が抱く不死への渇望を充分に満たし得ると考えていた、とされる。もう一つは、「恒久なるものの近くに住まう」こと、すなわち観照的な生によって究極的な真理の恒久性に与る、という哲学者のあり方である[21]。

たしかにアレントは、あくまで公と私を峻別して、「生命の必然性に関わることがらは政治的な生が始まる以前に克服されていなければならない[22]」と述べる。仮に政治的公共性一般に関してはそれが可能であり、また望ましいとしても、我々の「教育的」公共性の構想に、それをそのまま適用できるだろうか。「カエサルのものはカエサルに」というごとく「私的なるものは私的なるものに」委ね、その上で、それとは峻別された純粋に「公的なるもの」として教育のあり方を追求することが、果たして可能だろうか。「子を産み、育てる」という「私的」な営みが、単に生命の必然性や生存に関する利害の問題ではなく、「死すべき存在」としての人間にとって実存的な生の条件の一つでもあり得るとしたら、少なくとも「教育的」公共性にとっては、それは公共性の構築以前に克服されるべき阻害要因などではなく、むしろ本質的な契機の一つとして織り込まれていなければならないはずである。そのように、「子を産み、育てる」

という営みの、生物学的であると同時に実存的な切実性を組み込んで「教育的」公共性を構想することこそ、政治学の単なる応用問題ではない、教育哲学に固有の課題であると考えられる。

アレントに触発されてアリストテレスを読むことを通じて我々は、この、おそらく非常に困難な――先に論じた教育の本質的保守性をめぐるアポリアと並び、「教育的」公共性に固有のもう一つのアポリアと称してもよいであろう――課題に、あらためて直面することになるのである。

註

[1] 以下、アリストテレスからの引用は、通例に従いベッカー版全集の頁数を本文中に示す。引用は、『政治学』については山本光雄訳（岩波書店、全集第一五巻）と牛田徳子訳（京都大学学術出版会）を、『ニコマコス倫理学』については高田三郎訳（岩波文庫）と加藤信朗訳（岩波書店、全集第一三巻）を、それぞれ参照しつつ、以下の英訳版から訳出した。Aristotle, *Politica*, *The Works of Aristotle translated into English*, Vol. X, Oxford University Press, 1946. および、*Ethica Nicomachea*, *The Works of Aristotle translated into English*, Vol. IX, Oxford University Press, 1944.

[2] 佐々木毅『プラトンの呪縛――二〇世紀の哲学と政治』講談社、一九九八年、二五一―二五二頁。

[3] 佐藤学「子どもたちは何故「学び」から逃走するのか」『世界』第六七四号、岩波書店、二〇〇〇年。同「公共圏の政治学――両大戦間のデューイ」『思想』第九〇七号、岩波書店、二〇〇〇年。および、同「学校の公共性と市場原理の政治学」『教育哲学研究』第八三号、教育哲学会、二〇〇一年。

[4] 奥平康照「社会構想としての学校とその危機」『和光大学人間関係学部紀要』第五号、二〇〇〇年。

[5] 小玉重夫『教育改革と公共性――ボウルズ＝ギンタスからハンナ・アレントへ』東京大学出版会、一九九九年。および、同「公教育と市場――相互連関とその再編」『教育学研究』第六七巻第三号、日本教育学会、二〇〇〇年。

［6］Kant, I., *Kritik der Urteilskraft*, Felix Meiner Verlag, 1974, S. 57.
［7］Arendt, H., *Between Past and Future*, Penguin Books, 1993, p. 219ff.
［8］小野紀明『美と政治――ロマン主義からポストモダニズムへ』岩波書店、一九九九年、二〇五―二〇六頁。
［9］Habermas, J., *Der philosophische Diskurs der Moderne*, Suhrkamp, 1988, S. 60.
［10］Arendt, ibid., pp. 192–195.
［11］たとえば、宮寺晃夫『現代イギリス教育哲学の展開――多元的社会への教育』勁草書房、一九九七年、二九九―三〇三頁を参照。
［12］G・E・R・ロイド（川田殖訳）『アリストテレス――その思想の成長と構造』みすず書房、一九七三年、二〇八頁。
［13］神崎繁「隠喩としてのポリス・隠喩としてのパイデイア」『現代思想』vol. 13–12、一九八五年、二二九頁。
［14］小野紀明、前掲書、二四九頁。
［15］Arendt, ibid., p. 112.
［16］加藤守通「ポストモダンの地平論的考察」（増渕幸男・森田尚人編『現代教育学の地平――ポストモダニズムを超えて』南窓社、二〇〇一年所収）、一五〇頁。および、同「無限への飛翔――ジョルダーノ・ブルーノとルネサンス」（沼田裕之・加藤守通編『文化史としての教育思想史』福村出版、二〇〇〇年所収）、八二頁。
［17］Lyotard, J.-F., *Lessons on the Analytic of the Sublime*, Stanford University Press, 1994. および、J＝F・リオタール「崇高なるものの関心」（M・ドゥギーほか著、梅木達郎訳『崇高とは何か』法政大学出版局、一九九九年所収）。
［18］Habermas, ibid., S. 59.
［19］たとえば、今井康雄「見失われた公共性を求めて――戦後日本における議論」（『メディアの教育学―「教育」の再定義のために』東京大学出版会、二〇〇四年所収）を参照。
［20］Arendt, ibid., pp. 71–72.

〔21〕 ibid., pp. 46-47.
〔22〕 ibid., p. 117.

II——物語りと教育現実

第4章—解釈学的「臨床教育学」のアクチュアリティ

臨床教育学的授業研究のための覚書

1 大学と附属校園の協働における「理論―実践」関係の再構築のために

著者の勤務する奈良女子大学では、およそこの一〇年、大学と附属校園（幼稚園、小学校、中等教育学校）との連携強化が唱えられてきた。そのきっかけは、「国立の教員養成系大学・学部の在り方に関する懇談会」報告書（二〇〇一年一一月）で、奈良女子大学のような国立の一般大学の附属は「大学として教育研究上真に必要とされる場合」以外は原則として廃止、という方針が示されたことであった。たしかに、現行の学校教育のあり方を前提とする教員養成系の大学・学部とは違ったラディカルな教育研究（同報告書の表現では「実験的、先導的な教育課題への対応等」）に、国立の一般大学の附属の存在意義があることは否定できない。そこで、あらためて私たちが考えなければならなかったのは、その際の大学と附属との連携・協働とは、そもそも如何なるものであるべきか、という問題であった。

大学と附属校園の連携を考える際に、それはしばしば以下のようなモデルでイメージされているように思われる。一つは、大学の研究者があるべき教育の理念や、そのための方法論――総じて「理論」――を提示し、附属の教員がそれを試行的に「実践」して、その成果を研究者が評価して理論にフィードバックして行く、というモデルである。附属はいわば工学系の研究における実験室の役割を果たす。その意味で「テクノロジー」モデルと称することも可能かもしれない。連携にあたって大学の指導性が強調される場合に素朴に前提とされているのは、多くの場合、このモデルだろうと思われる。

この第一のモデルでは理論が先行するものと考えられているのに対し、逆に実践が先行する、いわば「現場からの立ち上げ」モデルも考えられる。この場合は、既に教育現場において意味のある「実践」が行なわれていることを前提に、研究者はそれらを観察、記述、分析、あるいは解釈することにより、それらの実践の意味を「理論」化して行く。その理論は当の実践にフィードバックされ、それを再び方向づけることになると同時に、附属の実例とセットとなって他の多くの実践に対する示範としても機能するだろう。奈良女子大学のように既に附属校園に豊富な実践の蓄積がある場合[1]、このモデルの妥当性は高い、と考えられるかもしれない。

このように大学と附属との連携のあり方を「理論」と「実践」の関係の問題として把握し直すならば、それは既にこれまでも教育学において繰り返し論じられてきた主題である。上述のような双方向のベクトルの如何という単純なモデルは、理論的には両者の「循環」や「媒介」をめぐる洗練されたメタ理論に止揚されている[2]。しかし実際には、一九世紀の国民教育制度の整備期にその方法論的基礎づけを行う役割を期待された、という学問領域そのものの出自からして、従来の教育研究において主流を占めてきたのは前者のモデルであったように思われる。それに対して、二〇世紀ドイツの精神科学的・解釈学的教育学の系譜は、新教育運動の諸実践に基づいて[3]、基本的に後者のモデルの教育理論を発展させ、教育学の内部では一定の地位を占めている（この章の主題である「臨床教育学」も、その系譜上に把握することができる）。それ故、後者のモデルを、前者の「テクノロジー」モデルに対して「解釈学」モデルと呼ぶことも可能かもしれない。

さて、あらためて大学と附属の連携強化が求められるようになったのは、きっかけは上記報告書であったものの、それまで両者の関係が必ずしも良好なものではなかったからでもある。むしろ私が赴任した当時の大学と附属との関係は、率直に言って疎遠であり、附属の側が大学教員の下手な口出しを嫌う雰囲気があった。私にはそれが、単に「過去の行きがかり」の故や、関係者の個人的資質の問題や、大学の研究体制の不備の故だけではなく、いわば「理論―実践」関係の困難を反映している状況のように思われたのである。もちろん奈良女子大学でも、大学の教員による、附属をフィールドとした研究は、心理学、体育学を中心として数多く行なわれてきた。しかしそれらの大半は、研究上の便宜を除けば附属との連携による研究である必然性が希薄であり、「理論―実践」の関係において附属の教育が「よりよく」なることを志向するものだったとは言い難い。しかし、私たちが志向している連携が、単に組織の生き残り策である以上の――国立大学とその附属としての存在理由や使命にかかわる――意義をもつものであるとしたら、それは附属の教育が「よりよく」なることが、何らかの意味で日本の教育が「よりよく」なることにつながるような「研究―教育」の、「理論―実践」の関係でなければならないだろう（ただし、この「よりよい」という言い方の背後にあるものに関しては留保が必要である。その点については後述する。また、最終的には「理論―実践」というフレーム自体が問い直されることにもなるはずでもある）。

そのような意味での連携も、かつて試みられなかったわけではないだろう。しかし、附属小学校の実践を主導した木下竹次（一八七二―一九四六）や重松鷹泰（一九〇八―九五）の時代はさておき（彼らと附属教員との関係が如何なるものであったのかは「理論―実践」問題の視点からあらためて充分に検討されるべき研究テーマであるが）、近年に限定するならば、大学が指導性を発揮しようとする上記の「テクノロジー」モデルの構図は、本学においては試みられることも稀なら、そのわずかな事例も不首尾に終わっている。中等教育学校の中高一貫教育の試みも、当初は大学による充分な「理論」的関与を欠き、「理論―実践」ではなく、いわば「政策―実践」関係の中にあって附属の教員に「理論」的努力を併せて強いる構図になっていた（その後、本章と次章で論じたような構想の実践を通して若干、改善されてきていると自負するものの）。このような事態を如何に理解すべきだろうか。筆者には、それが「テクノロジー」モデルでの教育研究の限界によるもののように思われたのである（この点については後に詳述する）。

他方、「現場からの立ち上げ」モデルの研究は、本学ではとりわけ附属小学校に関して（皮肉なことに）主として学外の研究者によって行なわれてきている。自らが広い意味での「解釈学」モデルに立脚しようとしている限りにおいて、それらの研究の意義と可能性を私も否定はしない。だが、それらが自らの教育観のナイーブな投影や、あるいは戦略的なプロパガンダや追従に陥っていない保証は、はたしてどこにあるだろうか（私自身がかつて附属について書いた論考もまた、そのようなものであったかもしれない疑念を、少なくとも私は否定し得ない）。「現場からの立ち上げ」モデルの教育研究が私たちにとって本当に意味あるものとなるためには、その方法論はまだまだ充分に検討され、試され、鍛えられる必要がある。[4]

実際には、「中等教育学校」や「スーパー・サイエンス・ハイスクール」、幼小一貫教育や「総合学習」等の政策科学的な「研究開発」の課題に対して「テクノロジー」モデルの「理論―実践」関係で臨むことから、私たちはなかなか逃れることはできない（それができると考えるのは、「システム」の外部に逃れることができるという幻想に過ぎないだろう）。しかし、それとは異なる――それを揺さぶり、子どもたちと教師たちに生き生きとした生の余地をもたらし得る――「理論―実践」関係はあり得ないだろうか。

その可能性の一つとして構想されたのが、本章と次章のテーマである「臨床教育学」の、「教育問題」をめぐる教育相談の場から日常的な授業研究への展開の試みである。本章ではまず、「臨床」ということの意味に関する状況論的および原理論的な見通しを提示しておきたい。

2 「臨床」をめぐる「意味の争奪戦」

教育学の領域では一九九〇年代から「臨床教育学」という新しい学問分野ないし方法論が注目されてきた。たとえば日本教育学会では二〇〇〇年前後に何度か、大会におけるシンポジウム等で臨床教育学がテーマとして取り上げられ、『教育学研究』誌でも臨床教育学ないし臨床をキイワードとして特集が組まれている[5]。臨床教育学をタイトルに含む著作の刊行も既に数十冊を数える。大学の講座の名称となっているケースはまだ多くはないものの、履修コースや授業科目名としては（類似する「教育臨床（学）」等も含めて）既に枚挙にいとまがない。二〇一一年に至って「日本臨床教育学会」も設立された。むしろ今日では教育学における「臨床」という言葉は既に陳腐化し、「賞味期限が切れつつある」と言うべきかもしれない。しかし、それにもかかわらず（あるいは、それ故に）臨床教育学とは何かについての共通理解は未だ皆無に等しいというのが現状である。様々な立場、様々な流儀の教育研究が「臨床」という言葉をめぐって、いわば「意味の争奪戦」（皇紀夫）を行なっている状況である。

それらを網羅して分類を試みるのが本章の課題ではない（それに関しては、後述する新堀によって、かつて包括的なレビューと整理が試みられている）[6]。ここでは私たちが方法論的な手がかりとしようとする際の「臨床」の意味を明らかにするのに必要な範囲で、それらの中の主要な流儀について一瞥する。

日本において臨床教育学という名称を冠した講座を最初に創設したのは、一九八八年、京都大学教育学部であった。その際、それを主導したのは臨床心理学者の河合隼雄と教育哲学者の和田修二であった。ユング派の精神分析家・理論家としてのみならず、いわゆる「こころの教育」やスクールカウンセラー事業の推進に中心的役割を果たした河合の活動については周知の通りである。和田は、精神科学的・解釈学的教育学を代表する教育哲学者の一人であるランゲフェルトに学び、その「規範的、実践的な子どもの人間学」の具体化として臨床教育学を構想した。和田の構想は現在、皇紀夫に継承され、展開されている。次いで一九九四年には武庫川女子大学に臨床教育学専攻の研究科が設置された。その中心となったのは、教室における私語の研究などでも知られる教育社会学の重鎮、新堀通也であった。

これら三者の構想は、単に草創期に方向づけを行なったという意味にとどまらず、「臨床教育学」という同一の名称の下での根本的に異なる志向を端的に示すものとして、しばしば引き合いに出されている[7]。いずれの構想も、子どもと教育をめぐる危機的状況、様々な教育問題の頻出への対応を契機とする点では共通している。そのような状況に対して河合は、教育学や心理学、社会学といった既成の学問は、近代科学に通底する「客観性」「普遍性」「論理性」の故に「直接的には役立ち難い」と述べる。そして、それらの諸学問とは異なり、客観的観察者の立場をとらずに「現象に自らかかわる」、「個」を大切にしつつ客観的距離をもつ、子どもや親の視点に立つ、といった方法論的特徴をもつ臨床教育学が「役に立つ学問」として求められている、と主張する。[8] これらはいずれもカウンセラーに求められる技法・態度に他ならない。いわば河合の構想は、従来の教育および教育研究における理論と実践との乖離を、臨床心理学的な技法や態度によって埋めようとするものである。

同じ問題状況を新堀は「教育病理」と名付け、医学とのメタファーによって臨床教育学の構想を語る。すなわち、個々の病理症状は「今日の教育や社会の全体に根ざす症候群」であり、「個別的な症状の広い背景を明らかにすることによって、新しい解決法を示す」こと、そして「教育病理症候群の……原因究明を通して、その発現の予防に理論的裏付けを与える」ことが、臨床教育学の役割である、と。[9] 医療における基礎医学にあたるのは、教育学、心理学、福祉学といった学問分野である、とされる。新堀の構想は、それらの方法論や知見を総動員し、一貫した理論の体系に再編成することにより、教育問題に直面する実践現場の実用的なニーズに応えようとするものである。同様に「役に立つ学問」を志向しつつも、新堀は河合とは対照的に、科学的な理論の提示が実践における問題の「解決」に寄与し得る、ということをナイーブに前提としている。

和田の場合は、これまでの教育学における「科学主義的、還元主義的で決定論的な思考」を批判し、それに対して「教育活動の個別性や一回性を重視し、教育の理論が教育の実践に基づいて絶えず吟味され更新されねばならない」と述べる。[10] この基調において和田は河合と一致しており、新堀とは対照的である。しかしその一方で和田は、臨床心理学の陥りがちな陥穽を厳しく指摘する。それは、臨床心理学が意識的・無意識的に医学における「治療」をモデルとすることにより、当面の不適応行動の解消や現状復帰以上の、より向上的で積極的な意味や価値への志向を見失いがちである、という批判である（ランゲフェルトの言う「規範的」人間学の含意もこの点にある）。この批判には、あるいは臨床心理学の側から異論もあるかもしれない。しかし、たとえば河合の言説の一般的な説得力の大きさの源泉に、既成の伝統的な教育観が無批判に存在している、という指摘[11]に筆者も同意する。

ちなみに、このような和田の批判のちょうど裏返しの構図で教育学と臨床心理学の差異を指摘する議論もある。たとえば田中毎実は、臨床心理学においては原理的にカウンセラーとクライエントの「相互性」が重視されることにより、「本質的に非対称性が含まれる」教育関係に固有の様相——教師による「教育責任」の能動的引き受け——が、常に消極的否定的にしか扱われない（それがしばしばスクールカウンセラーと教師との軋轢の原因ともなる）ことを批判した上で、「非対称性を組み込む相互性を主題化する」という課題を提起している。[12]先の和田の議論と合わせるならば、表面的には子どもの視点に立ち、相互性を重視する解放的な姿勢を見せながら、深層においては現状適応を促す抑圧的な役割をはたす、というネガティブな臨床心理学像が描かれることにもなる（もっともそれは、原理的に「自由と強制のパラドックス」を抱え込んだ近代教育学そのものの倒立像と見ることもできるだろう）。

いずれにせよ、右に一瞥したような従来の教育学と臨床教育学への批判の故に、和田の臨床教育学の構想においては「教師やカウンセラー自身の既成の教育観の自己批判と再構築」[13]が重要な位置を占める。この「批判・再構築」の契機にさらに力点を置いて（その分、和田に見られた「規範的」契機は背景に退いたかたちで）展開されているのが皇の臨床教育学である。皇の構想については後に、その理論的基礎となっているリクールの解釈学に遡って検討したいが、あらかじめ簡単に要約するならば、それは以下のようなものである。すなわちそれは、たとえばいじめや不登校といった教育問題に対して、それらが「問題」であることを前提として「解決」や「治療」を求めるのではなく、むしろそれらの出来事を「問題」たらしめているコンテクスト――そもそも教育とは何か、また問題とは何か、についての日常的な理解――を問い直す契機として受けとめる。求められるのは「問題」に直面した教師や親が、問題と見なされる出来事を異なった「筋立て」で「語り直す」ことである。そのようにして「教育的日常を支えている教育に関する通常の「物語」を異化し、それに新しい「筋立て」を造り出す」こと、「陳腐化した退屈な教育の「物語」に新しい局面を開く」ことを、皇の臨床教育学は目指す[14]。

それ故、皇は、教育現場における「問題」の「解決」が臨床教育学に期待されていることを十分に承知した上で、それが日常的な意味で「役立つ」ことから敢えて戦略的に距離をとる。この点で彼のスタンスは、新堀のそれとも、また河合のそれとも、鋭く対立している。志向されるのは「(従来の教育理論のような) 教育の現場との実体的で功利的な関係とは異なった関係[15]」である。皇の構想に対しては、しばしばその実践的 (と言うよりも、実用的) な有効性に関して疑問が投げかけられる。しかし、まさにその「役立つ」ということ、有効であるということの意味自体が、そこではラディカルに問われているのである。この原理的な徹底性の故に筆者は、他の諸構想に比して皇の臨床教育学にアクチュアリティを認める。だが何故、とりわけ皇の構想がアクチュアルなのか。それを説明するためには、私たちが現在おかれている社会的および思想的な状況をどのように把握しているのかを提示する必要がある。

［付記］なお、以上のレビューは、基本的に皇の臨床教育学構想を選択する筆者の視点からなされたものであるこ

とは言うまでもない。参考までに、異なったスタンスから三者の対比と批判を試みている議論を紹介しておく。
教育哲学の今井康雄は、「一般の読者」に対する説得力に関しては、河合の構想が三者の中で最も強いだろうと述べる。その原因を今井は、「多様な意味解釈に開かれている」具体的事例の豊富さと、そのような「個別事例から出発する」という叙述様式、そして一般理論による説明を断念し「解決を技法の次元に委ねる」戦略に見る。総じて言えば、河合の説得力の源泉は「教育実践の不透明性」にこそある、と。叙述様式に関して言えば、事例を通俗社会学的なジャーゴンによって語ってしまう新堀や、おそらく敢えて一切の個別事例を語らない皇とは対照的である。しかし、その一般的な説得力を認めるにもかかわらず、河合の構想の可能性に対して今井は否定的である。それは、皇が構想するような「「問題」が逆に既成の構造や機能を揺るがせるというダイナミックな過程」を視野に入れられないからである。新堀は「病理」という言葉で「健全」な社会や教育のあり方をスタティックに前提しているが故に、最初からそのダイナミズムを排除してしまっている。それとは異なるものの、河合の語りも、上述の「不透明性」の背後に隠蔽された伝統的な教育観に訴えることにより、そのダイナミズムを視野に入れられずにいる、と。この点で、今井は皇を評価しているようにも思われるが、上述の叙述様式についての批判以外に、皇の構想に関する踏み込んだ検討はされていない。[16]
教育社会学の酒井朗は、「問題への対処」と「新しい教育学の創造」という二つの期待に如何に応えられるのか、という視点から、主として河合と皇の構想を検討している。[17] 新堀の構想については、それは「機能分析の立場から、教育体系が有する機能的側面と構造的側面において、期待された課題が遂行されていない状態を教育病理と認定するものであり、近年のラベリング論や構築主義の立場から見ると、教育問題を「アプリオリに実態として捉える」ナイーブな見方の故に批判の余地が大きく、新たな学問の創造としての可能性に乏しい、と切り捨てている。[18]
その上で酒井は、河合の構想については、「問題への対処」の期待に明確に応えようとしている点は評価するが、中村雄二郎の「臨床の知」の概念をカウンセラーに要請される態度規範に恣意的に接合する「規範的読み替え」を行なっている点で、学問としての理論的整合性に問題がある、と批判する。皇については逆に、リクールに基づいた理論的一貫性や既成の学問への批判の可能性を評価するものの、具体的な方法論が明示されておらず、「問題」そのものとどう向き合うかは不明確」な点を批判している。

このような河合と皇への批判に基づき酒井自身は、皇と同様の「解釈的アプローチ」に基づくエスノグラフィーを臨床教育学に導入することを提唱している。酒井の構想は――とりわけ私たちの構想との建設的な対話が可能であると思われるので――あらためて詳細に検討しなければならないが、さしあたり以下の二つの疑問点を挙げておきたい。第一に、酒井はエスノグラフィーの基本的関心を「他者の理解」であると述べるが、その際の「他者」の水準に関する疑問である[19]。それは、たとえば「他者」の根源的な了解不可能性といったラディカルな指摘にどのように答えるのだろうか。第二は「自己宣伝の大きさの割に研究蓄積の少なさが指摘される[20]」という学校のエスノグラフィーに対する批判にどう答えるのかである。方法論的議論の大仰さに比して具体的成果に乏しい、という批判は解釈学的教育学に対しても向けられてきた。それに対して酒井は、エスノグラフィーが既に準備している観察や分析の方法論を駆使して具体的「成果」を蓄積することで応えようとしている。しかし、皇の臨床教育学の前提は、むしろ実践との関係において理論的行為の「成果」とは何か、それが「問題への対処」に「役立つ」とはどういうことか、それ自体を問い直すものである。

3 社会的背景

概ね一九九〇年代以降、教育学のみならず様々な領域で「臨床の知」や臨床的態度が評価され、近年では従来のような医学や心理学の領域以外でも「臨床」を冠した名称（臨床哲学や臨床社会学など）が用いられるようになっている。その根底には後述するような思想の潮流があるが、同時に、それに呼応し、広範に受け入れる社会状況も存在していると思われる。以下、まず「臨床」がもてはやされる社会的背景について、松下良平の議論に依拠して一瞥しておきたい[21]。

第一は、今日の社会では人間が抽象的で無記名な〈人〉(das Man) になる傾向が強いが故に、自らの存在の固有性の模索（いわゆる「自分探し」）や自己に固有の状況（「いま・ここ」性）への配慮が志向されること。また生活の断片化・平板化・脱歴史化の進行の故に、自らの生活や人生に物語性を求めるようになったこと。その背後には、個性化・差異化、自己実現、他者からの承認といった欲求を駆り立てる消費資本主義の「成熟」があることに松下は注意を促す。

第二は、ポスト工業化社会では、顧客の感情や個別的・特殊的なニーズに配慮したケアやコミュニケーションの技能が高い商品価値をもつこと。

第三は、情報資本主義・消費資本主義の進展は、管理の拡大と高度化、操作的・道具的な人間関係の先鋭化、業績主義の強化……等々の故に人々のストレスを強め、その解消や癒しを要請するが、それ自体がまた消費資本主義の中で新たな商品となり、結果的にあらゆる人が臨床的な対応（癒し・ケア・カウンセリング）を待つ存在に仕立て上げられる、ということ。

第四は、「心の病人」や「心の健康に問題がある人」による逸脱行為や社会秩序の崩壊の効果的予防への関心。その合理的コントロールや監視に貢献することにより、「臨床の知」は、社会による「人間疎外」に抵抗しつつ、同時にそれを強化する、という逆説を担うことになる、と松下は指摘する。

第五は、社会システムがますます複雑化・精緻化し、その流れはもはや変えることはできないという諦念――いわゆる「大きな物語」の終焉――が人々に浸透していること。そのため諸問題の解決は、システムの変革によってではなく、システム内部の人間関係や心理の具体的・個別的な操作に求められることになる。

松下は、これらの社会的条件――いわゆるポストモダン社会――が「臨床」への関心の高まりの背後にあることを指摘しつつ、それに呼応・共鳴する一般的な思想動向についても整理しているが、以下、本章では近年の教育学の動向にもう少し引きつけて、臨床教育学――とりわけ皇の構想における――のアクチュアリティを明らかにするために必要な思想状況の整理を独自に試みる。[22]

4 思想状況――言語論的転回・構築主義・物語り論

社会学者の見田宗介は高度成長期の後の日本社会を――戦後の「理想の時代」、高度成長期の「夢の時代」との対比で――「虚構の時代」と特徴づけている。[23] そこでは、かつては堅固なものに思われた「現実」と「虚構」の二項対立図式が溶解し、虚構が現実となる、あるいは現実は虚構である、という感覚が広く覆っている。その根底に見田は、資本主義の完成としての「情報化／消費化社会」を見ている。[24]（上述の松下の分析も、この見田の議論に依拠していると思われる。）そして、それに呼応する思潮がポストモダニズム――たとえば、まさに「理想の時代」の「理想」を「大きな物語」として批判するリオタールのような――である、ということになる。

このような「現実の虚構性」というテーゼ自体は、哲学・思想の領域においては決して目新しいものではない。私たちの世界経験は、あらかじめ実在する「現実」を単に「うつす」（写す・映す）のではなく、主体によって「構成される」ことによって初めて成立する、という理解は、ニーチェの「パースペクティヴィズム」にも、現象学にも、後期ヴィトゲンシュタインの「言語ゲーム」の概念にも共通する。その発想は、カントのいわゆる「コペルニクス的転回」にまで遡ることができるが、とりわけ見田の言う「虚構の時代」にちょうど対応する一九八〇年代以降、それは次のようないくつかのキイワードと共に、哲学・思想の領域の基調をなしている。

たとえば、いわゆる「言語論的転回（linguistic turn）」。それは「ヴィトゲンシュタインの影響のもとに、意識が言語に先行するという「意識分析」から、言語が意識を構成するという「言語分析」への転換を果たした哲学的な思潮を言う。言語に先立つ意識、さらに意識に先立つ主体そのものも否定する点で、近代のコギトの明証性をくつがえし、主客二元論を否定する」ものである[25]。同名のアンソロジー（一九六七年）によってこの用語を有名にしたのはR・ローティであるが、さらに近年では「修辞学的転回（rhetorical turn）」という術語が現代の思想状況を特徴づけるものとして用いられるようになっている[26]。「言語」の中でも、かつては単なる語りの「技法」の問題として周縁的な位置づけであった「レトリック」が――いわば意味論に対する語用論や、ラングに対するパロールへの関心の焦点の移行とパラレルに――むしろ主要な契機と見なされつつあるのである。そしてこの動向は、ローティのプラグマティズムに代表される「反本質主義・反基礎づけ主義」のスタンスと不可分である。今や修辞学的転回の現象は「知的探求の前線で急速に拡大しており、その影響は解釈学はもとより認識論から存在論に及ぶ……巨大な哲学思想の渦である」[27]。皇の臨床教育学の構想は、この「転回」を前提とした新しい教育研究の試みである。

しばしば「言語論的転回」と共に語られるのが「構築主義[28]（constructionism）」である。カントの認識論や科学基礎論の一流派の名称としても用いられる術語であるが、近年では社会学の方法論の名称として目にすることが多い。当初は（あるいは社会学の文脈においては）社会問題や逸脱行為が「問題」や「逸脱」として構成される（ラベリングされる）過程を記述する方法論を意味したが、上野千鶴子によれば、それは今日「さまざまな分野で、相互に独立に、あるいは互いに関連しあって成立した、同時多発的な知の地殻変動であり、社会学もその例外ではないというにすぎない[29]」。最も包括的な言い方をするならば、それは、私たちの現実とは社会的に構成（構築）されているという前提に立ち、その構成の過程を分析しようとする立場である。そして、その構成が言語を通じて行なわれ、言語こそが常に・既に社会的な存在である、という意味では、それは「言語論的転回」と表裏一体であり、共に「もはやそれを欠いては知的探求の方法を語ることが不可能になった人文・社会科学上のパラダイム[30]」である。

これまで教育学の領域において構築主義という術語が使われている場面は二つある。一つは教育社会学において、上述の逸脱行為論・ラベリング論の応用として教育「問題」が社会的に構成される過程や言説を分析する場合である。もう一つは、レイブとウェンガーの「状況に埋め込まれた学習」に代表される近年の新しい学習理論の名称として、である。これは学習を、日常生活における実践的な活動と切り離し得ない「関係的」なものとして、相互的な行動の中で捉えようとする立場である。その思想的源泉が（まさにローティによって再評価された）デューイの学習理論であり、それが主体と客体を対立させる二元論の根本的な否定に立つものであった[31]、という意味では、上述の言語論的転回や構築主義の一般的概念と基調を共有するものと理解することができる。

そして物語り論。「物語り（narrative）」の概念は今日、単に文芸の一ジャンルや言語実践の一様式の名称としてでなく、むしろ人間の根本的な存在様態を示すものとして、しばしば用いられている。毛利猛によれば、「人間は「物語ること」への欲望に取り憑かれた動物である。……ここでいう「物語ること」とは、われわれが自己の生を、あるいは世界における一連の経験を、始まり／中間／終わりという時間の流れのなかに筋立てて捉えることである。……物語ることは、われわれが自己の生を理解し、世界のなかで経験することを理解するための普遍的形式である」[32]。このような人間学的な「物語り」概念の用法は、直接的には「大きな物語」の終焉を主張するリオタールのポストモダニズムを契機に一般化したように思われるが、その根底には、やはり上述の言語論的転回や構築主義の思潮が存在している。たとえば「ナラティブ・セラピー」の隆盛もその一環であるが、野口裕二はその理論的前提を次の三つの命題に要約している。すなわち、「①現実は社会的に構成される。②現実は言語によって構成される。③言語は物語によって組織化される」[33]。ここには「言語」と「構成」と「物語」の不可分の連関が端的に表現されている。（なお、本書における「物語り」と「物語」という表記の使い分けについては、第6章の註［2］を参照されたい。）

教育学の領域でも「物語り」は、臨床教育学と並んで日本教育学会や教育哲学会などのシンポジウム、ラウンドテーブルの主題となったり、物語り論をテーマとした著作も出版されている[34]。その中で筆者は次のように述べた。

「人間は本質的に「物語る存在」であり、人間の生は「物語る」というあり方から逃れることはできない、という認識は、今日、我々にとってますますアクチュアルになりつつある。しかし、その認識が原理的にはらんでいるラディカルな人間形成論的な意味は、未だ充分に汲み尽くされているとは言えないのではないだろうか。「物語」が「現実」や「実在」の彼岸において付随的に我々の生を映し出したり修飾したり、あるいは偽装したりするのではなく、もはや「現実」とも「虚構」とも区別し得ない我々の〈世界〉や〈主体〉そのものを、そもそも最初から構成・構築するのだと理解するならば、その時、人間の生成や発達も、「現実／虚構」「実在／仮象」の二項対立を前提とした従来の視点からとは根本的に異なった様相において立ち現われてくるはずである[35]。

たしかに構築主義も物語り論も教育学においてしばしば言及されるようになっているものの、右に一瞥したような哲学・思想一般の「転回」、パラダイム転換が、どれほど正面から受けとめられているのかは疑問である。それは未だ上述の学習論や逸脱行為論といった部分的な受容にとどまっており、教育学の枠組みそのものを揺るがし得るはずの起爆力は不発のままであるように思われる（例外的な事例としては、皇の臨床教育学構想や、矢野智司を中心とした「物語り」研究の他、今井康雄の教育メディア論[36]や鈴木晶子の「見立て」論[37]が挙げられる）。だが、その思想状況の「転回」が先に見たような現代社会の状況と呼応するものだとしたら、それを織り込まない教育の研究と実践は、もはやアクチュアリティも有効性も持ち得ないのではないだろうか（この問題意識については、本書の第7章および第8章でさらに論じることになる）。私たちの臨床教育学的な授業研究の構想は、その可能性追求の一つの試みである。ただしそれは、「転回」を無条件に前提とすべし、ということではない。「言語論的転回」以後の、「構築主義」的、「物語り論」的なアプローチが、教育という固有の領域にとって、どこまで有意義なものであり得るのかについては、当然あらためて問われねばならないだろう。たとえば構築主義的な教育社会学研究に対しては、それは現場を相対化して実践家の熱意を冷笑する研究だ、という批判が既にしばしばなされている。皇の構想に対しても、上述のように、それが実践に如何に役立つのかが不明である、という批判がある。「転回」後の教育研究は、はたして「相対化」し「冷笑」するものにとどまるのか。それとも、何らかの意味で教育実践を「よりよく」することに寄与し得るのか。私たちの試みは、その射程を実際の研究の遂行を通じて確認しようとするものである。

5　「教育」そのものへの懐疑と、どのように向き合うか？

私たちのアプローチが教育実践を「よりよく」することに寄与し得るのか、と述べた。この一見非のうちどころのない問いには、しかし留保が必要である。この問いの前提となっているのは、いわば「良い教育」と「悪い教育」があり、私たちは「良い教育」を求めねばならない、というスタンスである。そこでは「教育」そのものは疑われていない。ところが近年の教育学では、この「教育」と呼ばれる人間形成の様式そのものに対する懐疑が主題化されているのである。

それにも社会的および思想的な背景がある。前者に関しては、一九七〇年代以降に頻出するようになったいじめ・暴力・学級崩壊といった「教育問題」に、従来の教育学が無力であった、という状況がある。それまでの、(多くは海外からの輸入理論に依拠して)「あるべき」教育の姿を指し示しつつ、それを阻害する教育外の(政治的・経済的・社会的等々の)諸条件を批判する、というスタイルの教育学は、新しいタイプの「教育問題」に対しては有効な説明も解決策も提示することができなかった、と評価される。[38] そのような閉塞状況にインパクトを与えたのが、アリエスを嚆矢とする社会史研究であり、またフーコー等のポスト構造主義であった。アリエス等の研究は、私たちが「教育」と呼んでいる人間形成のあり方は近代社会に固有な、その意味で特殊なものに過ぎないことを明らかにした。アリエスには、それが子どもにとって、しばしばルソーの名と共に語られるような「福音」ではなく、むしろ抑圧（「封じ込め」）であった、という口吻がある。[39] その背景にあるのがフーコーの権力論である。フーコーは、近代社会において人間は病院・監獄・学校という権力装置によって「他律」を内面化することを通じて「主体」として形成される、と考える。教育によって「自由な主体」となることは「従属化」と表裏一体である、と。[40] このフーコーの議論は、教育社会学において上述の構築主義的アプローチと結びついて近代教育批判のかたちをとる。問われるべきは、もはや「教育」という装置の機能不全としての「教育問題」なのではなく、装置そのもの、すなわち「教育という問題」である、ということになる。このような「教育」そのものへのラディカルな懐疑に直面して、単に消極的なニヒリズムや傍観者的なシニシズムに陥るだけでは済まないとしたら、私たちはそれとどのように向き合うことができるだろうか。

皇は自らの臨床教育学の構想について、「〈傷ついた教育（学）〉の痩せ尾根から転落しないように、その危うい稜線で言葉を支えにして踏みとどまることが肝心」、「〈傷ついた教育（学）〉の苦悩のうちに踏みとどまる賢明さが必要である」と述べている。[41] 皇は「教育」の外部に出ることを志向せず、敢えてその内部に踏みとどまる。それは田中智志が言うように、倫理的なヒロイズムではなく論理的な選択である。何故なら「どんなに陳腐な意味世界であろうと、そこから逃げ出してしまえば、その意味世界を変える知は手に入らないからである」。[42] むしろ、教育言説＝教育現実のこわばりが教育「問題」において露呈している場面こそ、教育を語る新たな「筋立て」が求められることにより、「人間形（生）成の地平と情景が新たに開き出る」好機だからである（皇は、その「新たな」地平への開出の理論的基礎づけをリクールの隠喩論――「死んだ隠喩」の蘇生――に見いだしているが、その可能性の検証は、筆者にとっては今のところ未着手の課題である）。

このような皇の企図の成否については、もちろんあらためて理論・実践の両面において試されねばならないだろう。それは私たちの課題でもある。私たちの試みが、「教育」そのものに対するラディカルな批判に直面した後の教育と教育学の可能性を賭したものでもあることを、ここでは確認しておきたい。

6　教育システムの「テクノロジー欠如」の問題

本章の冒頭で、「テクノロジー」モデルでの教育研究の困難、という言い方をした。その理由を最も明快に説明する理論が、近年、教育学の中で注目を浴びるようになってきている。それはドイツの社会学者ルーマンの教育システム論である。

ルーマンは、現代社会では、法、経済、学問、宗教、家族、教育といったサブシステムが機能的に分化しており、それぞれのシステムは「オートポイエティック」（自己創出的・自己準拠的）に自立していると考える。「オートポイエーシスとは、システムがみずからの構成素をみずから産出することにより関係のネットワークを産出し自己を維持する閉鎖システムのことをいう」[43]。もともと細胞などが自己を自立的に維持する様子を示すこの概念を、ルーマンは社会に適用した。たとえば経済システムにおいては、貨幣という「コミュニケーション・メディア」と、支払う／支払わないという「二項コード」によって、そこでのコミュニケーションが経済的コミュニケーションであることが確証され、システムとその外部（「環境」）との境界が自己決定される。社会システムは、さらに社会と組織と相互行為という三つの位相に区分される。教育に関して言えば、「日本社会のサブシステムとしての教育システム」と「学校という組織」と「学級あるいは授業という相互行為」であり、それらはいずれもオートポイエーシス・システムであると考えられる。また、個人の意識も一つのオートポイエーシス・システムである「心的システム」と見なされ、個人と社会との関係は「システム」と「環境」という枠組みで捉え直されることになる[44]。

ルーマンのシステム論による教育分析は、教育学に対していくつものラディカルな帰結を突きつけているが、とりわけ私たちにとって問題となるのは、授業を一つのオートポイエーシス・システムと捉えた時の帰結である。ルーマンによれば、そもそも「教育は、己の意志することをすることができない[45]」。換言すれば、原理的に言って、教育者は不可能なことを企てている、と[46]。それは何故か。ルーマンの用語で言うならば、教育は通常、教育的コミュニケーションにより子どもの心的システムに意図的に変化を引き起こすものと理解されている。そこでは授業という相互行為システムと、生徒の意識という心的システムとの間の因果関係が前提とされている。しかし、「授業システムにおけるコミュニケーションが個々の生徒の意識・心的システムにとっていかなる意味をもつかは、全くもってその心的システムの自己準拠によるわけであるから、ほとんど予測不可能の世界である。したがって、教育とは、決して、因果関係によって一義的に行えるものではあり得ないことになる[47]」。換言すれば、教師が直面しているのは「外部しか観察できないブラック・ボックス[48]」である。それがブラック・ボックスであるのは、決して心理学的な子ども理解の不足の故ではない。そもそも人間の意識が自己準拠的なシステムだからである。因果関係によるコントロールが不可能なこの事態を、ルーマンは教育システムの「テクノロジー欠如」と呼ぶのである。「テクノロジー欠如」にもかかわらず、授業が成立している（かのように見える）のは何故なのか。その問いに対してルーマンは「因果プラン」というものを想定する。それは「ある子は、こうした場合、こう反応するのではないか、といった、体験によって形成された……行動予測」である。[49]「生徒の自己準拠にぶつかって原理的には因果関係が想定できないにもかかわらず、教師は主観的に因果関係を想定し、それに従って行為している」のであり、いわば「テクノロジー代用テクノロジー」である。[50]

教育システムの「テクノロジー欠如」と、それを代用する「因果プラン」というルーマンの指摘を、私たちはどのように受けとめたら良いだろうか。その受けとめ方は論者によって様々であるが、[51]少なくとも私たちにとってそれが、冒頭で挙げたような「テクノロジー」モデルによる教育理解の虚構性を露呈させるものであることは確かであろう。たとえばビデオ記録を取り入れた「実証的」授業研究は、ますますその分析の網の目を細かくしている——それが分析のための分析でないとしたら、その目指すところは、より精緻な授業過程のコントロールに他ならないと思われる——が、筆者はそれに対して、あたかもますます袋小路に入り込んで行くような違和感を感じていた。ルーマンの教育システム論は、その違和感の所以を明らかにしてくれる。教育システムは、それを操作しコントロールを増大しようとすればするほど、同時に、コントロールから逃れ去ろうとする副次的な効果をも増大させるのである。[52]ルーマンの見方を受け入れるならば、「テクノロジー」モデルによる教育研究の限界は明らかである。もちろん「テクノロジー」モデルの限界が、ただちに「解釈学」モデルの可能性を証左するものではない。私たちの構想する臨床教育学的な教育研究・授業研究が、ルーマンの議論とどのように対質できるのかは未知数である。ここではさしあたり、それが「テクノロジー」モデルによる教育理解の虚構性を認識した上で、その後の教育研究の可能性を探ろうとするものでもあることだけを確認しておきたい。

ここまで、「臨床教育学」的授業研究のアクチュアリティを明らかにするために、その背景について素描してきたが、とりあえずここで、今後の課題について簡単に整理しておくと、以下の通りである。まず皇の臨床教育学構想を、その理論的基盤であるリクールの解釈学に遡って詳細に検討すると同時に、その具体的実践を検討すること（その際、特に私たちは、臨床教育学の当初のフィールドであるカウンセリング場面と日常の授業研究との異同を問う必要があるだろう）。それと並行して、既に大学と附属校園の連携プロジェクトの一環として試行している、私たち自身の相互の授業観察と記述の実践をさらに重ね（授業を語る「語り口」の齟齬が、私たちにとっては教育「問題」に準じる糸口になると思われる）、方法論的枠組みを改良しながら、その意味や「有効性」について反省すること（以上の課題への取り組みの端緒を示すことが、次の第5章のテーマである）。

新たな「筋立て」による教育の「語り直し」は、私たちの教育現実を相対化するにとどまるのか（たとえそれが柔軟化を意味するとしても）、それとも新たな教育現実を生成せしめるのか。だとしたら、それは何故、如何にして。そもそも「語り直し」を促すのは何／誰か。そして、そこで生成した新たな教育現実を、私たちは「よりよい」と言うことができるのか。――私たちの大学と附属校園との協働を通じて、これらの根本的な問いを問うてみたいのである。

註

[1] 小学校は、大正自由教育以来の児童中心主義的な総合学習の伝統を今日まで維持発展させている希有な学校であり、「総合的な学習の時間」導入時には全国的なモデルとなった。近年では幼稚園と共に研究開発学校に指定されて、幼小一貫教育に取り組んでいる。また中等教育学校は、二〇〇〇年に東大附属と共に最初に設立された国立の中等教育学校であり、中高一貫教育のカリキュラム開発を全国的に主導し、「スーパー・サイエンス・ハイスクール」の指定も受けている

[2] 小笠原道雄編『教育学における理論＝実践問題』学文堂、一九八五年参照。

[3] 今井康雄『ヴァルター・ベンヤミンの教育思想』世織書房、一九九八年、一九頁。

[4] たとえば、西村拓生「「総合的な学習の時間」を意味あるものにするために――奈良女子大学の附属小学校に何を学ぶか」『学習研究』第三九三号、奈良女子大学文学部附属小学校学習研究会、二〇〇一年、六四―六九頁。

[5] 「日本教育学会第五五回大会報告　シンポジウム〈臨床教育学に何を期待するか〉」『教育学研究』第六四巻第一号、日本教育学会、一九九七年。「日本教育学会第五八回大会報告　課題研究〈臨床教育学の動向と課題〉」『教育学研究』第六七巻第一号、日本教育学会、二〇〇〇年。「特集：教育における臨床の知」『教育学研究』第六九巻第三号、日本教育学会、二〇〇二年。

[6] 新堀通也編『臨床教育学の体系と展開』多賀出版、二〇〇二年。

[7] たとえば、今井康雄「教育学の暗き側面？――教育実践の不透明性について」(『メディアの教育学――「教育」の再定義のために』東京大学出版会、二〇〇四年所収)、一〇七―一二八頁。また、酒井朗「臨床教育学構想の批判的検討とエスノグラフィーの可能性――「新しい教育学の創造」と「問題への対処」をいかにして同時達成するか」『教育学研究』第六九巻第三号、日本教育学会、二〇〇二年、三二二―三三二頁。

[8] 河合隼雄『臨床教育学入門』岩波書店、一九九五年、六頁。

[9] 新堀通也『教育病理への挑戦――臨床教育学入門』教育開発研究所、一九九六年、九頁。

[10] 和田修二・皇紀夫編著『臨床教育学』アカデミア出版会、一九九六年、二六頁。

[11] 今井、前掲論文、六頁。
[12] 田中毎実「臨床的教育理論と教育的公共性の生成」『教育学研究』第六七巻第四号、日本教育学会、二〇〇〇年、三八頁。
[13] 和田・皇、前掲書、一〇頁。
[14] 同書、三八頁。
[15] 同書、三九頁。
[16] 今井、前掲論文。
[17] 酒井、前掲論文。
[18] 同様の厳しい評価は次の論文にも見られる。越智康詞「教育社会学の現在におけるひとつの可能な「風景」――現実問題・現場・自己（一般通念）と格闘するゲリラ性の視点から」『教育学研究』第七〇巻第二号、日本教育学会、二〇〇三年、二三一―二四〇頁。
[19] この問題をめぐる教育学における議論に関しては次の論文を参照。丸山恭司「教育という悲劇、教育における他者――教育のコロニアリズムを超えて」『近代教育フォーラム』第一一号、教育思想史学会、二〇〇二年、一―一二頁。
[20] 越智、前掲論文、二三四頁。
[21] 松下良平「排除と再組み込み――教育学における「臨床知」発見の両義性」『近代教育フォーラム』第一〇号、教育思想史学会、二〇〇一年、一四三―一五五頁。
[22]「臨床」への関心の社会的背景については、臨教審以後の「教育改革」における新保守主義とネオリベラリズムとの「共犯関係」を指摘する佐藤学の議論も参照しておきたい。そこでは、スクールカウンセラーの配置が、ネオリベラリズムの唱導する「自由な選択」や「自己責任」によって切り捨てられた子どもたちへのケア＝管理の強化（松下における第四のメルクマールに対応する）と捉えられている。佐藤学「子どもたちは何故「学び」から逃走するのか」『世界』第六七四号、岩波書店、二〇〇〇年。また、次の拙論も参照されたい。西村拓生「教育的公共

性における「美的なるもの」のアクチュアリティに関する覚書（1）」『奈良女子大学文学部研究年報』第四五号、二〇〇一年、七一—八九頁。
[23] 見田宗介『現代日本の感覚と思想』講談社学術文庫、一九九五年。
[24] 見田宗介『現代社会の理論——情報化・消費化社会の現在と未来』岩波新書、一九九六年。
[25] 上野千鶴子編『構築主義とは何か』勁草書房、二〇〇一年、三〇〇頁。
[26] cf. Simons, H. W. ed., *The Rhetorical Turn: Invention and Persuasion in the Conduct of Inquiry*. University of Chicago Press, 1990.
[27] 皇紀夫「教育学における臨床知の所在と役割」『近代教育フォーラム』第一〇号、教育思想史学会、二〇〇一年、一一六頁。
[28] ないし「構成主義」。両訳語の使い分けについては、さしあたり次の論文を参照。千田有紀「構築主義の系譜学」（上野千鶴子編『構築主義とは何か』勁草書房、二〇〇一年所収）。
[29] 上野千鶴子、前掲書、二七七頁。
[30] 同書、i頁。
[31] 森田尚人「ジョン・デューイと未完の教育改革」（原聡介他編『近代教育思想を読みなおす』新曜社、一九九九年所収）、一一九頁。
[32] 毛利猛「「物語ること」と人間形成」（岡田渥美編『人間形成論——教育学の再構築のために』玉川大学出版部、一九九六年所収）、二五八頁。
[33] 野口裕二「臨床のナラティブ」（上野千鶴子編『構築主義とは何か』勁草書房、二〇〇一年所収）五一頁。
[34] 矢野智司・鳶野克己編『物語の臨界——「物語ること」の教育学』世織書房、二〇〇三年。
[35] 西村拓生「「美しい仮象の国」はどこにあるのか?——シラーの『美育書簡』をめぐる、仮象の人間形成論のための覚書」（矢野智司・鳶野克己編『物語の臨界——「物語ること」の教育学』世織書房、二〇〇三年所収）、二八〇頁。

[36] 今井康雄「現代学校の状況と論理――〈生活と科学〉から〈美とメディア〉へ」（『岩波講座　現代の教育2　学校像の模索』岩波書店、一九九八年所収）。
[37] 鈴木晶子「教育詩学探求」（増渕幸男・森田尚人編『現代教育学の地平――ポストモダニズムを超えて』南窓社、二〇〇一年所収）。
[38] 今井康雄「見失われた公共性を求めて――戦後日本における議論」（『メディアの教育学――「教育」の再定義のために』東京大学出版会、二〇〇四年所収）。また、矢野智司「教育哲学の風景」『教育学研究』第七〇巻第二号、日本教育学会、二〇〇三年。
[39] 西村拓生「西洋史における子ども――アリエス『〈子供〉の誕生』をめぐって」（杉岡津岐子編『子ども学〔第二版〕――その宇宙を知るために』ナカニシヤ出版、二〇〇一年所収）、一六三―一八〇頁。
[40] 田中智志「ポスト構造主義の教育分析――フーコーの生―権力論」（原聡介他編『近代教育思想を読みなおす』新曜社、一九九九年所収）、二六四頁。
[41] 皇、前掲論文、一二〇頁。
[42] 田中智志「教育の臨床知――クリティカルな知のモード」『近代教育フォーラム』第一〇号、教育思想史学会、二〇〇一年、一六七頁。
[43] 今井重孝「ルーマン」（教育思想史学会編『教育思想事典』勁草書房、二〇〇〇年所収）、七二四頁。
[44] 今井重孝「ルーマンの教育システム論」（原聡介他編『近代教育思想を読みなおす』新曜社、一九九九年所収）、二三八―二五四頁。
[45] N・ルーマン（今井重孝訳）「教育メディアとしての子ども」（『教育学年報4　個性という幻想』世織書房、一九九五年所収）、二〇九頁。
[46] 鳥光美緒子「教育システムの分出と相互行為の可能性――システム論の教育分析を解読する」（小笠原道雄監修『近代教育の再構築』福村出版、二〇〇〇年所収）、二二九頁。
[47] 今井重孝、前掲書、二四三頁。

[48] ルーマン、前掲書、二〇九頁。
[49] 今井重孝、前掲書、二四三頁。
[50] 今井康雄「教育学の暗き側面？——教育実践の不透明性について」（『メディアの教育学——「教育」の再定義のために』東京大学出版会、二〇〇四年所収）、一二〇頁。
[51] 今井重孝は「因果プラン」の概念に、個々の子どもの心的システムへの共感的理解をもって、その時々の授業システムの自己準拠的展開に合わせて対応する、という（「タクト」を身につけた）ポジティブな教師像への示唆を見ている（今井重孝、前掲書、二四三頁）。鳥光美緒子は、そのような、他のサブシステムに比しての教育システムの「もろさ」が、「通例は不可視のシステムの存在を一瞬、浮かび上がらせ」、逃れることのできないシステムを「共に生きる者としての共感の可能性」が生まれる、と述べる（鳥光、前掲書、一二二頁）。今井康雄は、今日、ルーマンが描くような教育システムのメカニズムがむしろ機能不全に陥っており、それ故に「教師がなしていると思っていることと教師が実際になしていることとの間」の——不可視であったはずの——構造的なズレが教師自身に気づかれつつあるのではないか、と見る。そのような状況に対して今井は、心的システムの「不透明性」を、これまでのように主観的にコントロール可能と思い込むのではなく、それを「明示的な構成的要素として含み得るように教育システムを再構築する」という課題を提起する（今井康雄、前掲書、一二二—一二四頁）。
[52] 鳥光、前掲書、一三六頁。

第5章——物語り論から教育研究へ

1　ある授業研究での問い

教育を研究する、と言った時、最も一般にイメージしやすいものの一つが授業研究であろう。では、それは何のために、何を目指して行われるのだろうか。

もちろんそれは教師がよりよい授業を行なえるようになるためである、という答えがすぐに返って来そうである。——この答えには、最初にいくつかの留保が可能かもしれない。まず、「授業」や「学校」というのを様々な人間形成のあり方の一つの様式に過ぎないものとして相対化し、その枠組み自体を問い直す、というスタンスもあり得る。社会史研究や脱学校論などが、そのような問いをもたらすだろう。その際には、よりよい授業を志向する、という前提自体がもはや自明のものではあり得ない。もう一つ、授業というのを人間が行なうコミュニケーションの多様な場の一つとして捉え、そこで起こっている事象を価値中立的に記述する、というスタンスもあり得るだろう。その際には授業は、たとえばビジネスの交渉や宗教の礼拝や酒場での交歓などと並置される、コミュニケーションの一つの典型的事例に過ぎないことになる。――このような留保は可能なものの、しかし、多くの教師や教育学者が行なっている授業研究というのが「よりよい授業」を目指していることは間違いなさそうである。

私自身、時々、様々な学校の研究会に招かれることがある。他の教師の方々と一緒に授業を参観し、その後、授業検討会が持たれる。研究者である私は「指導助言者」といった立場でコメントしなければならない。授業を見るという体験が、私は嫌いではない。どんな授業でも、そこでの子どもたちと教師の姿は実に様々なことを考えさせてくれる。そしてそれについて語ることも、私は好きである。しかし、そのような機会に恵まれる度に、一方で私は、あらためて考え込んでしまう。いったい私のしていることは何なのだろう、と。――この問いを、もう少し具体的に語ってみよう。以下は、自らが所属する奈良女子大学の附属学校の教師との協働の場面で私が経験した出来事である。ただし、それは最初のコンテクストから切り離され、幾重にも語り直されて、もはや事例の記述というよりは「たとえ話」になっていることをお断りしておく。

附属小学校三年生のクラス、この学校の実践を高名ならしめている要素の一つである「自由研究」の発表場面。担任のA先生は、とりわけその分野では対外的な評価の高い方である。日頃おとなしく、自己表現が苦手なタイプに見えるB君の発表。発表内容はテーマに対して未だ表面的で、心もとなく感じられた。級友から質問が飛ぶ。（質問すること、それをこの学校では「おたずね」と称してフレームアップし、子どもたちのコミュニケーションをつなげて展開させるための有効な装置としている。）B君はしかし、絶句して立ち往生している。A先生は教室の後ろで、険しい表情で腕組みしたまま動かない。ひんやりとした（と、私には感じられた）沈黙。級友から助け船も出ない。それもできないような雰囲気が教室内を支配している。ようやくB君は、ボソボソと小さな声で、内容的には応答になっていない発言をした。A先生は表情を変えず、「よし」とだけ言って、B君を席に戻らせた。――私には、この場面が「ひっかかった」。

その授業観察は、私が企画した、附属学校（幼稚園、小学校、中高一貫の中等教育学校がある）と大学の教員の――よくある授業研究とはいささか狙いを異にする――共同研究の一環であった。各附属校と大学からの研究メンバーが相互に授業を公開し、その後、話し合いの場（カンファレンス）を持つ。その際、授業者と観察者はそれぞれ、その授業で「見たこと」をA4判一枚程度で「テクスト化」して持ち寄り、それを基に議論を行なう、というやり方である（そのような方法の根拠については後述する）。

その日、私はB君の発表について書いた。ただし、かなり屈折した仕方で。率直に言うならば、その場面を見て私が抱いたのは疑問と反感であった。A先生の反応は、B君に対しても学級全体に対しても、単に冷たく配慮を欠いたものに感じられた。しかもそれは、A先生の実践に対して日頃、私が感じていた違和感を象徴的に現わす場面のように思われた。しかし私は、それをそのまま表現せず、逆に概ね以下のように書いた。――あそこで、あの緊張した雰囲気にもかかわらず、B君の発言をじっと待ったのはさすがである。私が授業者だったら、とても待てずに助け船を出していたと思う。それでは、自己表現が苦手なB君を甘やかすことになってしまっただろうし、子どもたちが自ら授業をつくるという本校のモットーにもそぐわないことになる、と。

そのように書いたのには、A先生に対する遠慮だけでなく、もっといやらしい意図があった。私があの場面を取り上げて敢えて肯定的に語れば、それに対する反論が出されるのではないか、という期待である。案の定、話し合いの場で、附属小の実践に対して批判的な中等教育学校の教師から、私が内心、考えていたのと同じ疑問が提起された。同じ一つの場面に対する、正反対の二つの「見立て」。当のA先生にとっては、それは取り立てて語られるべきでもない出来事だったようである。私のコメントに対しては反応が無かったが、それに対する反論には、憮然として、中高の先生は小学校のことを理解していない、といった発言をされた。これはマズイと感じた私は、深追いせずに別のエピソードに話題を転じた。

B君の立ち往生という、同じ一つの場面に対する二つの見立てが授業研究の場で語られた。一方は「試練と克服」という見立て。他方は「冷たい突き放し」という見立て。どちらの語り方が「正しい」のだろうか。あるいは、問われるべきは「正しさ」ではなく妥当性や適切性とでも言うべきだろうか。はたまた、そもそも「正しさ」を問うこと自体が正しくないのだろうか。

「そこで実際に起こっていたこと」に照らして、それぞれの語り方の正しさを吟味するという考え方があるかもしれない。たとえばそれが、B君が沈黙していたのは一分間か三分間か、という問いであれば検証も可能であろう。しかし、二つの見立ての正しさは、その出来事の意味づけや解釈を離れて考えることはできないと思われる。

「よい授業」や「よい教育」という理念やイメージ（それは常に意識化され明示可能なわけではないだろうが）に参照して、それを判断する、とも考えられるかもしれない。たとえば「子どもたちが自発的につくり上げて行くのがよい授業である」「子どもを甘やかさないのがよい教育である」とか、「子どもの心を理解して、暖かく支えるのがよい教育である」というような「理念」。

授業者（A先生）の意図が重要である、と考える立場もあるだろう。また、その出来事が子どもたち（B君とクラスの子どもたち）にどのように経験されていたか、それこそが決定的である、という主張も考えられる。あるいは、出来事にはその時、その場での当事者には意識できない意味というのがあって、それはより豊富な分析枠組みをもった第三者にこそ見えるのだ、と考えることも可能かもしれない。

実はこの附属学校の教師との共同研究は、教育研究の場における「語り（narrative）」の可能性をめぐる上述のような問いを、実践の中で確かめてみたい、という狙いで構想したものだった。授業について語ること、語り合うこと、語り直すことは、いったいどのような意味があるのか。その時、何が起こっているのか。それによって何がもたらされるのか。——ここで「語り」という契機に焦点化することには、私なりの理論的な理由があった（それについては、あらためて次節で論じる）。と同時に、とりわけ研究者としての私の営みに関して懐いてきた以下のような疑問が、その背景にあった。

学外の研究会に招かれてコメントする際には、私はたいてい、観察した授業に見いだした「よさ」を語っている。その時（あるいは何か注文をつける場合でも）、それは私自身が抱いている「よい授業」や「よい教育」の理念やイメージに参照して語られている。そしてそれは、「指導助言者」という権威（？）の故に、授業者や研究会に参加する他の教師の実践を方向づけることになる。実際はそれほどの影響力はないかもしれないが、少なくとも研究者を招く側は、それを期待している。（あるいは、そのような建前である。）しかし、研究者である私の語る「よさ」が、なぜ他の教師の実践を方向づけることができるのか。大学の教師としての私自身の実践が、私の懐く「よさ」の理念やイメージに方向づけられることは、さしあたり是認され得るとしても、それが他者の実践を方向づけることは、本当に認められることなのか。——そんな疑問を私は抱えていた。

それに対して、この附属学校の教師たちとの協働では、私は研究を推進するファシリテーターではあったものの、基本的に授業研究の場に、研究者としてではなく、たまたま所属が大学であるだけの一人の教師として参加した。幸い、それぞれ教師として自他ともに認める力量を持ち、他校の研究会に講師として招かれる機会も多い附属学校の教師たちに対しては、私の言葉が無用な権威を持つ恐れも少なかった。また、この試みを構想した当時の大学と附属学校の置かれた困難な状況の中で、研究メンバーの附属の教師と私の間には同僚性に近い連帯感も形成されていた。そのような条件の下、授業を語り合い、語り直す場に自らを置きながら、教育研究における「語り」の可能性を見極めてみたい、というのが私の目論見だった。（当時の状況の中で、従来、必ずしも良好ではなかった附属学校間の関係を再構築するための契機にしたい、というのも、この試みの大きな狙いの一つであったが、それは今の文脈とはまた別の話になる。）

2 解釈学と物語り論

（一）「臨床教育学」的授業研究の試み

上述の授業研究の試みには、教育研究の場における「語り」（ナラティブ）の可能性をめぐる問いを実践の中で確かめたい、という意図があった、と書いた。そのような研究を構想した直接的な契機は、近年、教育学の中で新しく確立されてきた「臨床教育学」という学問分野であった。ただし、この名称には、いささか注釈が必要である。(詳しくは第4章で論じたが、概略を繰り返すならば)日本で臨床教育学という講座を最初に開設したのは一九八八年、京都大学教育学部で、主導したのは臨床心理学の河合隼雄と教育哲学の和田修二であった。次いで一九九四年、教育社会学の新堀通也が中心となって武庫川女子大に研究科が設置された。この三者の構想は、単に草創期に方向づけを行なったという意味にとどまらず、「臨床教育学」という同一の名称の下での根本的に異なる志向を端的に示すものとして、今でもしばしば引き合いに出される。

いずれの構想も、高度成長期以後の子どもと教育をめぐる危機的状況に教育学が有効な対応をなし得なかったことへの反省を契機とする点では共通していた。そのような状況に対して、河合は、従来の教育および教育研究における客観的・普遍的な「理論」と一回的・個別的な「実践」との乖離を、臨床心理学的な技法や態度によって埋めようとする。同様の問題状況を新堀は「教育病理」と名づけ、医療における基礎医学に相当すると考えられる教育学、心理学、福祉学といった諸学問の成果を総動員して実践的なニーズに応えようとする。和田の場合、河合と同様に教育活動の個別性や一回性を重視しつつ、心理臨床や医療をモデルとした構想においては位置づけられにくい、当面の不適応行動の解消や現状復帰以上の、より向上的で積極的な意味や価値への志向を強調する。和田の構想は、その後、教師やカウンセラーの既成の教育観の自己批判と再構築に力点を置いた、皇紀夫の解釈学的な臨床教育学に受け継がれている。

これらの諸構想をプロトタイプとしてもちつつ、実際には苦境に直面する教育現場からの期待に否応なしに応答する形で、理論的には未だ混沌としたままに、臨床教育学という学問分野は定着しつつあるように思われる。

さて、私が手がかりとしたのは、最後に挙げた皇紀夫の「臨床教育学」構想であった。それはどのようなものか。さしあたり、そのアウトラインを短く紹介するならば、以下のようになるだろう[1]。

皇は、たとえばいじめや不登校といった教育問題に対して、それらが「問題」であることを前提として「解決」や「治療」を求めるのではなく、むしろそれらの出来事を「問題」たらしめているコンテクスト——そもそも教育とは何か、また問題とは何か、についての日常的な理解——を問い直す契機として受けとめる。求められるのは、「問題」に直面した教師や親が、問題と見なされる出来事を異なった「筋立て」で「語り直す」ことである。そのようにして「教育的日常を支えている教育に関する通常の「物語」を異化し、それに新しい「筋立て」を造り出す」こと、「陳腐化して退屈な教育の「物語」に新しい局面を開く」ことを、皇の臨床教育学は目指している。

このような皇の臨床教育学に対しては、しばしば、方法論的論議の大仰さに比して具体的成果に乏しい、現場の実践にどのように役立つのかがわからない、といった批判がされる。（そのような批判に対しては、皇の前提は、むしろ実践との関係において理論的行為の「成果」とは何か、それが問題への対処に「役立つ」とはどういうことか、ということ自体を問い直すものであったことを、まず確認すべきだろう。）しかし私にとって、現代の人文・社会科学の基礎理論の状況に鑑みて、最も説得力があり、アクチュアルであると考えられたのは、この皇の構想であった。次節以下、その基礎理論を（第4章よりも）もう少し踏み込んで検討してみよう。

ただし、その前に一つ、確認すべきことがある。それは、私が試みている授業研究は、必ずしも皇の臨床教育学の応用ではない、ということである。以下に示すように、原理的にはそれに負うところが大きいが、皇のそれがカウンセリング場面にフィールドを限定しているのに対して、私はそれを日常の授業研究の場にまで拡張してしまっている。このフィールドの相違がどのように顧慮されねばならないのかは、あらためて周到に検討されるべき問題である。カウンセリングと教育との相違は、たとえば「相互性」と「非対称性」といった概念を用いて、しばしば論じられる。では、教師のカウンセリングと授業研究では、どうだろうか。おそらく後述のような「価値志向」や「公共性」といった概念が鍵となると思われる。さらに、臨床教育学を論じるにあたって、皇は敢えていっさい事例を語らない。しかし、私はここで「たとえ話」としてではあれ、それを語っている。その是非も、あらためて問われるべきだろう。

(二) 解釈学と教育学

皇が自らの臨床教育学を基礎づける際に主に依拠しているのは、フランスの哲学者ポール・リクールの理論である。リクールは現代の「解釈学的哲学[2]」を代表すると同時に、近年の人文・社会科学の諸領域において大きく注目されている「物語り論」を基礎づけたとして、常に引き合いに出される思想家である。解釈学と物語り論。両者は別物ではない。前者の今日的な展開が後者である、という見方も可能である。リクールの主著の一つ『時間と物語』(一九八三―八五)は「解釈学的哲学の物語り論的転回を遂行した[3]」と言われている。まず、前者と教育学の関係について一瞥しておきたい。それが、物語り論と教育研究の関係を論じる、いわば前史にあたる。

解釈学と教育学の関係は、教育学とはどのような学問・科学かを考える教育学のメタ理論において、常に中心的な主題の一つであった。では、解釈学とは何か。古来、西欧においては古典古代の文献やキリスト教の聖書、あるいは法律をどのように解釈すべきかについての技法論が発展していたが、一九世紀前半、シュライエルマッハーによって、解釈や理解ということ自体を研究の主題とする「一般解釈学」が構想された。それを受けて二〇世紀の初頭にディルタイが、当時、支配的になっていた実証的・自然科学的な思考に対し、人間の生を解明するための「精神科学」の方法論として解釈学を位置づけた。ディルタイに至って解釈学は、単なる文献解釈の理論から、人間の生の自己理解に関する哲学理論として確立された。

次いで、ハイデガーの『存在と時間』において解釈学はさらに新たな意義を獲得する。それは「存在の意味への問い」という、哲学の根本問題への通路であるとされる。存在とは何か、を問うことのできる「存在者」は人間だけである。人間は、存在しているということを、たとえ漠然としたかたちではあれ、何らかの仕方で理解しつつ生きている。そのあらかじめの存在理解を分節化し、言葉にもたらすことが「解釈」である。その意味で、解釈学は「基礎的存在論」である、というのである。

ハイデガーに学んだガダマーは、過去の偉大なテクストとの出会いを主題化することにより、ハイデガーにおいて先鋭化された解釈学の射程を、あらためて「人間の世界経験と生活実践の全体」に関わる「現実的経験の理論」として拡大した、と言われる。[4] ガダマーによれば、我々は常に既に或る文化・伝統の中に、換言すれば、言語に媒介され、歴史的に形成された「意味の地平」（ガダマーはそれを「先入見」とも言う）の中に「投げ込まれている」。いかなる知識や規範も「先入見」を基盤として成立している。しかし、過去のテクスト・伝承と出会い、その「真理要求」を現在の自らの状況に「適用」することにより、自らの「先入見」が自覚され、修正される。それは、過去の地平と現在の地平との「融合」である。このような「地平の融合」による、過去のテクスト・伝承と現在の実践とが一体となった「理解」こそが、近代科学の「方法」によらない「真理」——ただし、常に歴史的に相対化され、乗り越えられる——獲得の過程である、というのである。

ガダマーにおいて過去のテクスト・伝承との出会いが強調されるのは、人間の経験が、常に既に言語に媒介されている（「世界経験の言語性」）という洞察の故である。この洞察は現代哲学における「言語論的転回」の原動力の一つとなり、論争相手のハーバーマスの批判理論や、ローティのネオ・プラグマティズムなどにも大きな影響を及ぼしている。

このように、主要な思想家だけを見ても、そこでの「解釈学」の意味は大きく異なっている。それを「理解」や「解釈」を中心主題や主要な方法とする哲学、と考えるならば、「解釈学」は上述のハーバーマスやローティ、あるいはヴィトゲンシュタインの言語ゲーム論やクーンのパラダイム論なども含んだ、きわめて幅広い、今日の思想に最も大きな影響力をもつ潮流と見なすことができる[5]。

さて、そのような解釈学と教育学の関係は、諸学の中でもとりわけ歴史的に密接な関係があった、と言うことができるかもしれない。ディルタイに直接師事した——哲学者としても高名な——ノールやシュプランガー等に代表される「精神科学的教育学」は、ワイマール期からナチス期をはさんで第二次世界大戦後まで、ドイツの教育学の主流であった。一方では、特定の人間観や世界観を教育に応用しようとする古いタイプの哲学的教育学に対して、他方、実証科学を範として没価値的に教育を研究する経験的教育学に対して、「教育現実」の分析から出発することを主張する精神科学的教育学は、新カント派と実証主義の双方を批判して「生の解釈学」を主張したディルタイの姿勢と、そのまま重なる。

ディルタイの系譜を受け継ぐ「精神科学的教育学」という歴史的枠組みに限定されず、その方法論に着目する時には、それは「解釈学的教育学」と称される。ここでは岡本英明の総括に依拠して、その核心を素描しておく。——すなわち解釈学的教育学は、規範や論理からではなく、まさに教育現実の分析から出発する。換言すれば、人間はあらかじめ理解され解釈された世界に生きている、という事実から出発する。あらゆる理論の以前に、常に既に教育現実ないし実践が存在している。しかも、この教育現実の中には意味付与と目標設定とが常に含まれている。教育理論は、この教育現実ないし実践を「解き明かす」ものである。教育理論は、教育現実というテクストを解釈する「教育現実の解釈学」(ノール)である、と。[6]

解釈学的教育学は、ドイツのみならず日本においても、教育学のメタ理論(研究方法)が論じられる際に、常にその一翼を占めてきたが、それに対しては経験科学的立場やイデオロギー批判の立場から、次のような問題が指摘されている。まず、その方法は既存の文献の解釈という前提に立つため、教育現実の中で多種多様なかたちで生起する問題を解釈する能力に欠けるのではないか、という問題。また、解釈学的方法による研究の結論に対しては、解釈学自体がその正当性を検証する確実な手続きや保障をもち合わせていないのではないか、という問題である。[7]このような批判をめぐるメタ理論的な考察にここで立ち入ることはできないが、後述するリクールの解釈学と、それに立脚した物語り論的教育研究は、これらの批判に対する一定の応答ともなっているように思われるのである。

(三) 物語り論から教育研究へ

先の皇の臨床教育学のアウトラインの紹介においても、また既に私自身の授業研究の経験を叙述する際にも、「語り」「物語」「筋立て」「語り直し」といった言葉が頻繁に、独自の意味あいで用いられていた。その背景にあるのが「物語り論」である。

『物語の哲学——柳田國男と歴史の発見』(一九九六)他の著作でわが国での「物語り論」研究の基礎づけに大きな役割を果たしている哲学者の野家啓一によれば、「物語り論は社会構成(構築)主義ともゆるやかな連携を保ちつつ、文学理論や歴史哲学のみならず、臨床心理学、社会学、看護学、医学、教育学などの諸領域において、人間科学の方法論ないし文化の基礎理論として多様な展開を見せている」[8]。「物語り論」=「ナラトロジー」という用語は、最初は文学理論において、フィクションを対象として、その構造や機能を分析する研究を意味していた。それが文学理論の枠組みを越えて行くきっかけとなったのは歴史哲学の分野であった。科学と歴史との関係について、それぞれが用いる「組織化の図式」の種類を問題として、「歴史は物語を語るのだ」と表明したA・ダントーの『物語としての歴史』(一九六五)や、歴史叙述の「語り口」に着目して、その修辞学的分析を行なったH・ホワイトの『メタヒストリー』(一九七三)等がその嚆矢と見なされている。リクールも野家も、いずれもダントーとホワイトを大きく参照しつつ議論を展開している。では、「物語り」とは何か。

多くの創造的・触発的な概念がそうであるように、「物語り」という言葉は論者によってきわめて多様に用いられており、未だ統一した定義が存在しないのが現状であるという[9]。ここでは、さしあたり野家による「複数の出来事を時間的に組織する言語行為」という定義を掲げておこう。もう少しくだいて言うならば、それは「ある出来事を、その始まりから終わりに至る時間の流れに沿って筋立てつつ意味づけていく行為のことである」[10]。このような意味での「物語り」を人間の根本的な存在様態を示すものとして研究の根底に位置づけるのが、今日の「物語り論」的な諸科学である。人間というのは、自分が生きていることの意味を求め、それを理解せずには生きられない存在である。生の無意味さの主張すら、既に一つの意味づけであることを免れない。そしてその意味づけは、自らの生を一連の「筋立て」で「物語る」ことによって初めて可能になる。生きるということは、何らかの「物語」を生きることに他ならない。私たちは「物語」そのものの外に出ることはできないのである。――このように人間を「物語る存在」として捉えるならば、研究の対象が、狭義の文学的テクストから、「およそ世界における出来事が絶えざる解釈へと開かれるべく意味的に織り合わされたもの」[11]としての多種多様なテクストへと拡大して行くのは必然的である。教育という営みにおける「物語り」も例外ではない[12]。私自身の授業研究の試みも、その一環である。

(四) リクールの物語り論

上述の意味での広義の「テクスト」と人間の生との関係について、最も包括的に考察を加え、今日の「物語り論」的諸科学に理論的基礎づけを与えているのが、先にも言及したリクールの『時間と物語』である。ここでは、この著作全体の理論の「縮小モデル」が示されている第一部第三章の「三重のミメーシス」論[13]を概観することを通じて、「物語り」行為の人間存在論的意義に関するリクールの議論を素描しておきたい。

『時間と物語』というタイトルに明らかなように、リクールは人間存在の基礎的な契機を「時間性」と

「物語性」に見ている。『時間と物語』では、まず第一章でアウグスティヌスの『告白』における時間論に即して前者が、第二章ではアリストテレスの『詩学』におけるミメーシス論に即して後者が検討された後、両者の「相互規定的」関係を示すのが第三章である。その際リクールは、前章で検討された「ミメーシス」概念を、アリストテレスの文脈から「拡張」する必要がある、という。

アリストテレスの『詩学』が考察しているのは悲劇の創作である。アリストテレスは、それは人間の行為のミメーシスによって可能になる、と論じている。ミメーシスは通常、「模倣」あるいは「再現」と訳されるが、リクールは「行為のミメーシスはミュトス（筋立て）に他ならない」というアリストテレスの言葉を敷衍して、ミメーシスには、「プラトンにおけるように、現前をそのままに複写する」だけでなく、ある出来事を「筋立て」て語るという能動的な契機、「制作（ポイエーシス）」の契機が内包されている、と解釈する。行為はミメーシス的活動による被構成物である、とされるのである。さらにリクールは、「行為（プラクシス）」という語が、倫理学が引き受ける現実の領域と、詩学が引き受ける想像の領域との両方に属する」ことに注意を促す。すなわち、ミメーシス活動の対象は、単に詩的想像の領域（悲劇の登場人物の行為）にとどまらず、「現実の領域」でもある、というのである。ミメーシス概念は「模倣・再現」から行為の能動的「構成」へ、そして「現実の」実践的行為にまで「拡張」される。そのことよって、我々が通常、素朴に前提としている現実とフィクションとの境界が踏み越えられ、両者の「相互規定的」関係が明らかにされる。それを説明するのが「三重のミメーシス」論である。

拡張されたミメーシス概念は三つの過程に分節化される。リクールはそれを「実践的領域における先形象化」（ミメーシスⅠ）、「テクストの統合形象化」（ミメーシスⅡ）、「作品受容における再形象化」（ミメーシスⅢ）と呼ぶ。

本来の、狭義の詩的創作にかかわるのはミメーシスⅡである。そこではミメーシス＝模倣・再現されるべき行為や出来事が、語り手の視点から統合され、一つの全体へと統合される。それはあるがままの再現ではなく、要素は選択され、省略され、あるいは強調されて、理解可能な意味連関へと「筋立て」られる。この「統合形象化」の過程の前後に、我々が通常「現実」と理解している領域に関わる過程が連接することにより、ミメーシス活動における現実とフィクションの「相互規定的」関係が示されるのである。

リクールは、ミメーシスⅡにおいて制作される「筋立て」（ミュトス）は、「行動の世界の先行理解の中に根づいて」いる、という意味でこそ「行動の模倣である」と述べる。つまり、「筋立て」は常に既にそれに先立つ実践的領域における形象化（先形象化）を前提としている、というのである。（このような「先行理解」の概念をリクールはハイデガーやガダマーから受け継いでいる。）行為や出来事は、言語によって明示的に理解される以前に、常に既に「構造的、象徴的、時間的」に分節化され、行為者と受容者によって了解されている。それがミメーシスⅠの「先形象化」の意味である。

また、ミメーシスⅡにおいて筋立てられ、語られた行為や出来事（「テクスト世界」）は、「実際の行動が展開」する「読者の世界」と「交叉」し、その読書行為の中で再度、筋立てられ、形象化される。テクストはそれ自身の世界に閉じているのではなく、読者の世界に作用し、それを変化させ、その意味で日常的世界に「現実化」する。読者の側から言うならば、それは自らの日常的世界を規定する「筋立ての図式化のパラダイム」を変容させる。ミメーシスⅢの「再形象化」は、そこまでの射程をもつ。

さらに、この「再形象化」によって革新された読者の世界の「筋立ての図式化のパラダイム」は読者の

「行動の世界の先行理解」を規定するが故に、ミメーシスⅢは再度、ミメーシスⅠと連接し、一連の過程は「循環」として捉えられることになる。すなわち、我々人間の日常的実践での行為や出来事は、常に既に「語られた」世界――テクスト世界――によってあらかじめ分節化され、前言語的に了解されている（ミメーシスⅢ→Ⅰ）。そのように先形象化された行為や出来事は、物語られ、筋立てられることによってテクストとなる（ミメーシスⅠ→Ⅱ）。テクスト化された行為や出来事は、読者の世界の「筋立て」のパラダイムを変容させ、その日常的世界を再措定し、行為が方向づけ直される（ミメーシスⅡ→Ⅲ）、というわけである。

3 「物語り論」的教育研究の可能性

(一) 「語り」に着目した授業研究は、何をもたらすのか？

以上の理論的概観を踏まえて、最初の「たとえ話」に戻ってみよう。まず、このような授業研究の試みの大前提には、物語り論に基づいた、「語り」の本質的意義への着目があった。前節で概観した解釈学から物語り論への思潮を受け入れるならば、教育について語るということは、まさに「教育現実」を構成し、教育行為を方向づけるが故に、教育と呼ばれる営みにとって本質的な契機である、ということになる。「B君の立ち往生」という「現実」は、それについて「語る」営みと相即不可分である、と考えるのが、その立場である。「試練と克服」という物語りも「冷たい突き放し」という物語りも、たしかにA先生の授業という「現実」の（リクールの意味での）ミメーシスである――その限りで「現実」に根拠をもつ——と同時に、その「現実」は「語り」に先立って独立して成立しているわけではない。ガダマーの言うように、言葉によって媒介された世界経験の外には出られない私たちにとって、与えられているのは最初から「テクスト世界」以外にはあり得ない、と考えるのである。

さて、そうすると、「試練と克服」の物語りと「冷たい突き放し」の物語りの、いずれがA先生の「授業の現実」や「実際の授業」に照らして「正しい」のか、という問いは無意味であり、どちらが「正しい」ということはあり得ない、ということになる。複数の（この場合、二つの）「語り」は、その限り等価である、ということになる。しかし、だとすると、「あれもよし、これもよし」であって、このような授業研究をすること自体が無意味、ということにならないだろうか。いわば「解釈の相対主義」ないしは「解釈のニヒリズム」の問題である。

おそらくここに、教師のカウンセリングというフィールドを越えて日常的な授業研究の場に解釈学的な臨床教育学の方法論を適用することの困難の一端があるように思われる。カウンセリングの場合、そこに臨む教師は既に、従来の物語りの筋立てに変容を迫る「問題」に直面している。そこでは差し当たり、「語り直し」が何らかの変化をもたらすこと自体が重要である。もちろん、その変化はネガティブなものでもあり得るが、その場合でも、それは再度に「語り直し」に開かれればよい。肝心なのは、新たな「筋立て」に開かれることであり、その「語り直し」を促す「仕掛け」である。（皇は、リクールの「隠喩の革新」をめぐる議論を参照しつつ、その「仕掛け」についても考察を展開しているのだが、その検討は、筆者にとっては残された課題である。）「語り直し」の方向性については、差し当たり問われない。あるいは、敢えて問わない。

それに対して、日常的な授業研究の場では、どうだろうか。A先生にとっては、その授業の中で何らかの「問題」が顕在化しているわけではなかった。そのA先生が授業研究の場で「語り直し」を「仕掛け」られる、というのは、スイスイ泳いでいた人が、泳ぎ方の説明を求められ、考えだしたら溺れてしまった、という類の、大きなお世話ではないだろうか。

私が試みた授業研究は、一面では、新しい方法論の試行という意味をもっていた。その意味では、不純なものである。それは概ね、以下のような仮説を確かめるためのものであった。――教師の日常的な実践は、(語られる以前に)前言語的に分節化され、了解されている。そのあらかじめの了解(先行理解)を規定しているのは、教師がそれまでに出会ってきたテクスト(最も広い意味での、教育にかかわる言説)であろう。授業研究において自らの行為とそれが関わる出来事とを「語る」(言語化する、テクスト化する)ことにより、教師は自らの実践をテクスト世界としてミメーシス的に構成する。その時、教師は自らの先行理解と、それを規定する語り口とを自覚し、それらから距離をとることが可能になる[14]。と同時に、授業研究において教師は、他の教師や研究者の、同じ授業や実践に対する異なる筋立て、異なる語り口、異なる物語りに出会う。それは教師に、自らは気づかなかった豊かな意味世界を自身の実践に発見(あるいは発現)させることになるかもしれない。また、自らの地平(先行理解や語り口)の限界を自覚し、それを批判的に相対化することを可能にするかもしれない。いずれにしても、それは教師に自らの実践の「語り直し」を促す。それは教師の日常的な行為(の先行理解)を規定する筋立てのパラダイムを変容させ、その「教育的日常」を再措定し、教育行為が方向づけ直されるはずである。そしてそれは、授業者のみならず、授業研究に参加する他の教師にとっても同様であることが期待される。

私の所属する奈良女子大学の附属学校は、その試行のために格好の場であるように思われた。国立大学の附属学校という性格上、教師たちは単に実践するだけでなく、常に実践について語ることを求められている。その「語り口」が、幼稚園、小学校、中等教育学校と、それぞれにきわめて個性的なのである。とりわけ小学校は、大正自由教育以来の児童中心主義的な総合学習の伝統を今日まで維持発展させている希有な学校である。たとえば総合学習は「しごと」、教科学習は「けいこ」、特別活動は「なかよし」と称される。質問することは「おたずね」。この「おたずね」を核に、子どもたちが授業をつくるためのコミュニケーションの型が確立されている。これらの呼称に代表されるユニークな語り口は、たしかに単に実践を記述しているのではなく、附属小学校の教育を強く方向づけている。その強烈な言葉の力の故に、きわめて独自な教育のあり方が今日まで保たれてきたように、私には思われた[15]。しかし他方で、その個性的な「語り口」は、しばしば桎梏にもなっているように思われた。たとえば、上述のような型ないしメソッドは、大正時代以来「奈良の学習法」と称される。この名称は、主体は子どもたちである、というマニフェストである。実際には教師の意図や指導性が潜在的／顕在的に働いていても、そのことはあまり語られない。私自身が附属小学校で魅力を感じた授業は、むしろ教師の指導性が強く働いて、それが——逆説的に——子どもたちの活動を触発しているものであるように思われたが、そのような見方、語り方は、附属小学校では好まれない。

幼稚園と中等教育学校も、小学校ほど強烈ではないものの、やはり強い個性をもっている。日本の幼児教育の歴史を先導してきた歴史とプライドをもつ幼稚園は、幼児教育に特有のジャーゴンやレトリックと発達心理学的な用語で一人ひとりの子どもの活動をカルテに詳細に記録するのが特色。幼稚園教育要領の語り口に生真面目に忠実である。中高一貫教育のカリキュラム開発を全国的に主導し、「スーパー・サイエンス・ハイスクール」の指定も受けている中等教育学校は、学習指導要領に沿った教科教育の語彙やレトリックに加え、研究志向の教員も多いためか、学問的な語り口が強い。かつては附属小学校に対して、真の学力を育てていないのではないか、と厳しく批判することも多かった。三つの学校それぞれの実践を教師が語る、その語り口には大きな齟齬があった。各学校からの教師が参加する授業研究の場で、この語り口の齟齬を、カウンセリングにおける「問題」と同様の「語り直し」の契機にできないだろうか、というのが私の発想であった。

参加した教師から多く聞かれた感想は、「なるほど、違う」というものであった。同じ授業を見ているはずなのに、その中で着目する対象や出来事も、その筋立ても、意味づけも見事に違う。また、それを表現する言葉も、語り口も、やはり違う。それはいわば、言語ゲームを共有しない他者とのコミュニケーションの経験であった。もちろん個々の教師の違いもあったが、それ以上に学校ごとの違いがあることは、参加者みんなに実感されたようである。「簡単に言葉が通じない」経験は、断絶ではなく、むしろ「通じない」ことを前提として、理解しようという構えをつくり出したように思われる。附属学校間の関係を再構築したい、という狙いに関しては、ひとまず成功であった。

しかし、「語り直し」が「教育的日常」を再措定し、教育行為を方向づけ直すのではないか、という期待については、残念ながら現在までの限られた試行だけでは、何も確実なことは言えない。冒頭の「たとえ話」は中でも失敗した事例だが、逆に、異なる「語り」との出会いが、授業者に、その実践の新たな意味を開いた、と感じられた場合も、たしかにあった。しかし、それではこの授業研究の試みに参加してくれた教師の実践が変わったのか、というと、それを判断する材料は未だ、きわめて乏しい。おそらくここでも、その「成果」を実証することは可能なのか、それもまた「語り」と不可分なのではないか、という問いに直面することになるが、現状は、それを考える以前である。[16]

(二) 何が「語り直し」を促すのか？

今後、この授業研究の試みを継続して、その「成果」を問うことと並行して、考えねばならない本質的な問題がいくつかある。最後にそれを整理しておきたい。

先にも書いた通り、この授業研究には、私は一人のメンバーとして参加し、私自身の視点から、私自身が懐いている「よい授業」や「よい教育」の理念やイメージに照らして、当該授業の「よさ」について——冒頭の事例のような屈折した表現も含めて——積極的に語った。そのことの是非である。一緒に方法論を検討してくれた大学院生からは、研究者は黒子として場の設定に徹するべきではなかったか、という批判もあった。これは、まずは教育研究における研究者の役割をめぐる問題である。と同時に、教育研究において「よさ」を語ることは如何に可能か、という、より一般的な問題でもある。さらには、先に言及した「解釈の相対主義」「解釈のニヒリズム」を如何に克服できるのか、という問いともつながる問題である。

先に引用した岡本英明は、教育学の役割について以下のように述べている。——文献学者が没主観的な没頭においてテクストを解釈しようと試み、その際に思いがけずもそのテクストを越えて、最後には「原著者を、彼が自己自身を理解したよりもいっそうよりよく理解する」(ボルノウ)のとちょうど同じように、理論的教育学もまた、直接的な教育行為から距離を保って教育現実というテクストを解釈することによって、教育現実をよりよく理解することができる、と。[17] この説に従うならば、研究にとって肝要なのは「直接的な教育行為から距離」を保った「解釈」である。たしかにそれは、授業研究の場で可能となる。しかし、それは授業者にとっても参観者にとっても、（程度の差はあれ）事情は同じである。研究者だけが、その解釈において特権的な位置にあるわけではない。しばしば研究者のコメントに何か特別な権威が付されがちなのは、単に「距離」の問題ではなく、そもそも実践の「外」にある何か――実践を方向づける「理念」という意味での「理論」――がナイーブに期待されているからのように思われる。しかし、解釈学的な前提に立つ限り、解釈ないし理解の運動の外部に超絶している「理念」というものはあり得ない。実践の「よさ」を語る根拠は、外部には存在しない、ということになる。

しかし、私たちは「よりよい授業」「よりよい教育」という価値志向を否定することはできないように思われる。教育が意図的・目的的な営みである限り、私たちはそこで何らかの「よさ」を目指している。それ故、私たちは「解釈の相対性」に甘んじることはできない。だとすれば、「よさ」の根拠は解釈の運動の内部に求められるしかない。比較的新しい解釈学の中には、その契機を「外部からの新しいものの侵入」（ボルノウ）や「隠喩の革新」（リクール）等に探る動向がある。あらためてそれらの理論を検討する必要がある。とはいえ、生成した「新しい」ものが「よりよい」ものである保証は、どこにあるのだろうか。答えは簡単ではない。先に言及した「臨床教育学」の三つ目のプロトタイプにおいて密接な継承関係にありながら、それが「規範的・実践的」であることを強調する和田修二に対して、皇は規範性を語るのにきわめて慎重であることは、この文脈であらためて周到に検討される必要があると思われる。[18]

さらに、私たちの試みた授業研究では、この解釈の運動は複数の教師（と研究者）の共同・協働の中にある。そのことの意味も、あらためて問われねばならない。学校教育の営みがかつてのような基盤を失っている状況において、それを新たな「教育的公共性」に基礎づけようという動向が教育学の中にある。それは、学校教育における「よさ」についての共通の理解を公共的なコミュニケーションによって形成して行こうとする試み、と受けとめることができるだろう。その際、授業研究のような教師の協働が中核的な役割を果たすことは、容易に想定できる。その意味でも、そこでの解釈学的な機制を明らかにすることは重要である。

そこで、もう一度、最初の「たとえ話」に戻るならば、「B君の立ち往生」に対する「試練と克服」という物語りと「冷たい突き放し」という物語りの間で、それぞれの「筋立て」の背後にある教育理解に遡って充分な討議が行なわれれば、二つの地平が融合し、共通の「よさ」の理解が得られるかもしれない。しかし、それでも残る問いがある。それは、その出来事が当のB君やクラスの子どもたちにとって、どのように経験されていたのか、どのような意味を持ったのか、という問いである。もちろん、いずれの解釈も、それを斟酌しようとしているだろう。けれども、その意味は、やはり再び、子どもたち自身の「語り」と不可分である。子どもたちにとっても、その出来事が語られる以前の「意味」などというものは無いのである。（私たちの試みの中で、子どもたちにも当該授業について「テクスト化」をしてもらい、それを参照する、という方法も検討されたが、試行には至っていない。）

たとえば附属中等教育学校でのカリキュラム研究開発に際しては、生徒も、また授業を参観した親も、アンケート等を通じて授業評価に参加している。このような試みは近年、珍しくはない。学校教育をめぐる公共的なコミュニケーションに生徒自身や親も加わるべきであることは、教師の専門性とのきわどい関係をはらみながらも、原理的には当然とも言える。しかし、中等教育段階の生徒には可能でも、また親にとっては可能でも、小学校の三年生には可能だろうか。望ましいだろうか。――教育の「よさ」をめぐる解釈の運動にとって、少なくとも或る段階までの子どもは、どうしても「他者」にとどまらざるを得ないのではないだろうか[19]。

現在までのところ私は、授業研究において、自らの「語り」を常に相対化し、「語り直す」構えを失わない努力をしながら、それを前提として、敢えて自分の信じる「よさ」を語っている。では、その「語り直し」を促すのは何だろうか。私の出会う他者の地平だろうか。何らかの理念だろうか。あるいは、語るという営み自体に、その契機が内在しているのだろうか。はたまた、それは子どもの絶対的な他者性だろうか。――今後、さらに解釈学的、物語り論的な授業研究の試みを続ける中で、あらためて確かめられるべき根本的な問いである。

註

[1] 皇の臨床教育学については以下の諸文献を参照。皇紀夫「臨床教育学の展開――臨床教育学の方法論的課題」『京都大学教育学部紀要』第四〇号、一九九四年。同「「臨床教育学」とは」(和田修二・皇紀夫編『臨床教育学』アカデミア出版会、一九九六年所収)。同「なぜ〈臨床〉教育学なのか――「問題」の所在と理解」(和田修二編『教育的日常の再構築』玉川大学出版部、一九九六年所収)。同「人間形成論の方法の問題――臨床教育学との関連で」(岡田渥美編『人間形成論――教育学の再構築のために』玉川大学出版部、一九九六年所収)。同「教育学における臨床知の所在と役割」『近代教育フォーラム』第一〇号、教育思想史学会、二〇〇一年。皇紀夫編『臨床教育

学の生成』玉川大学出版部、二〇〇三年。

[2] 丸山高司『ガダマー——地平の融合』講談社、一九九七年、七九頁。

[3] 鹿島徹「物語り論的歴史理解の可能性のために」『思想』第九五四号（特集　物語り論の拡張に向けて）、岩波書店、二〇〇三年、七頁。

[4] 丸山、前掲書、七七頁。

[5] 松下良平「解釈学」（教育思想史学会編『教育思想事典』勁草書房、二〇〇〇年所収）、六一—六三頁。

[6] 岡本英明『解釈学的教育学の研究』九州大学出版会、二〇〇〇年、六頁。

[7] 小笠原道雄『教育の哲学』放送大学教育振興会、二〇〇三年、四七頁。

[8] 野家啓一「物語り行為による世界制作」『思想』第九五四号（特集　物語り論の拡張に向けて）、岩波書店、二〇〇三年、五五頁。

[9] 同論文、五四頁。

[10] 鳶野克己「物語ることの内と外——物語論的人間研究の教育学的核心」（矢野智司・鳶野克己編『物語の臨界——「物語ること」の教育学』世織書房、二〇〇三年所収）、三頁。

[11] 同書、七頁。

[12] たとえば、香川大学教育学研究室編『教育という「物語」』世織書房、一九九九年。および、矢野智司・鳶野克己編『物語の臨界——「物語ること」の教育学』世織書房、二〇〇三年、などが「物語り論」的な教育研究の嚆矢である。

[13] P・リクール（久米博訳）『時間と物語I』新曜社、一九八七年、九九—一五六頁。

[14] この機制に関しては、あらためてリクールの言う「疎隔」概念の検討が必要になる。さしあたり次の論文を参照されたい。伊佐佳奈子「教育言説における「語り直し」モデルの検討——P・リクールのミメーシス論に即して」『人間文化研究科年報』第二一号、奈良女子大学大学院人間文化研究科、二〇〇五年、二一五—二二四頁。

[15] 西村拓生「「総合的な学習の時間」を意味あるものにするために——奈良女子大学の附属小学校に何を学ぶか」

『学習研究』第三九三号、奈良女子大学文学部附属小学校学習研究会、二〇〇一年、六四―六九頁。

[16] 本章で論じた附属学校の教師との協働に関する具体的な経過報告と暫定的な総括は、次の論文をご覧いただければ幸いである。西村拓生・金津琢哉・岩城裕之・飯島貴子・杉澤学・本山方子・吉田信也「「臨床教育学」的授業研究の試行的実践の記録」『臨床教育学的・エスノグラフィー的・物語論的教育研究の展開――学校における言説空間の輻輳性に着目した授業研究の試み』平成一六年度〜一八年度科学研究費補助金（基盤研究C）研究成果報告書（研究代表者　本山方子）、二〇〇七年、一八九―二〇八頁。

[17] 岡本、前掲書、六頁。

[18] 筆者は、木村素衞の思想の解釈を通じて、教師にとって「外部」から与えられるのではなく、実践の只中で人間形成の「イデア」が「生成する」という理論的構想を抱いている。この構想については、さしあたり次の論文で論じている。Takuo Nishimura, The Kyoto School and the Theory of Aesthetic Human Transformation: Examining Motomori Kimura's Interpretation of Friedrich Schiller, in: Standish, P. & Saito, N. eds, *Education and the Kyoto School of Philosophy: Pedagogy for Human Transformation*, Springer, 2012. また、次の書評での議論も参照されたい。西村拓生「書評：大西正倫著『表現的生命の教育哲学――木村素衞の教育思想』」『教育学研究』第七九巻第一号、日本教育学会、二〇一二年、一〇九―一一一頁。

[19] 教育における「他者」に関する原理的考察は、次の論文を参照。丸山恭司「教育という悲劇、教育における他者――教育のコロニアリズムを超えて」『近代教育フォーラム』第一一号、教育思想史学会、二〇〇二年、一―一二頁。

第6章——教育の制度と物語り

1　教育原理と教育の「制度」

（一）制度と「語り直し」

教職課程には「教育原理」という科目がある。学問領域としては「教育哲学」という分野があり、学会がつくられている。普通、教育について根本から原理的に考察する、というのが教育原理や教育哲学の課題であるとされているのだが、これらの科目や学問領域において、教育の「制度」について論じられることは、かつては稀であったように思われる。原理や哲学という以上、特定の社会や時代に限定されない教育の「本質」について考察すべきであり、具体的・実際的な制度について論じるのは別の、たとえば「教育制度論」や「教育行政学」の課題であると考えられていた（し、今でもそのように考えられる方が多いかもしれない）。しかし、ここでは教育原理の授業を意識しつつ、教育哲学の分野から、敢えて教育の「制度」の問題にアプローチを試みてみたい。

以下のような仮定から考えてみよう。たとえば、あなたが公立学校の教員だったとする。あなたは個人的信条として、学校において日の丸が掲げられ、君が代が歌われるべきではないと考えているとする。しかし、卒業式で起立して君が代を斉唱するよう、校長より業務命令が出されたとする。さて、あなたはどうするだろうか。——若い世代の読者には、最初にこのようなたとえが出てくることが、もはやピンとこないかもしれない。その必然性や妥当性を理解する、否、自ら考えて判断してもらえるようになることが、この章の趣旨の一つでもある。

第4章、第5章で論じたように、筆者が教育を考える際の基本的なコンセプトの一つは、教育の「現実」は私たちの「語り」（ナラティブ）によって構成される、というものである。それが、たとえば或る子どもが学校に来ない、不登校という事態の意味をめぐってであれば、そこでの「語り直し」による「現実」の再構成ということは比較的わかりやすいだろう。しかし、右に挙げた君が代斉唱の例において、いったい「語り直し」には、どんな意義があるだろうか。

(二) 私たちの営みを規定している枠組みとしての「制度」

君が代をめぐる歴史や記憶や象徴的意味の「語り直し」ということは、もちろん考えられるし、大切である。しかし、今、問題にしたいのは、そういう営みの頭越しに働く強制力である。校長の業務命令は、もちろんその個人的恣意ではないはずである。「教育公務員特例法」や「学習指導要領」、そして「国旗国歌法」といった様々な法規がその根拠になっている。それに従わなかったことを理由に多くの教員が処分を受けている自治体も、実際にある。

私たちが行っている「教育」と呼ばれる営みの多くは、実は幾重もの法的・制度的な枠組みのうちにある。日常的に、その枠組みを意識することは少ないかもしれない。しかし、右の例のように、その枠組みに抵触した時には強制力が発動される。のみならず、その法的・制度的な枠組みは、暗黙のうちに私たちの日常的な「教育」の意味を方向づけている。そのように、明示的／暗示的に私たちの営みを規定している枠組みを、この章では広い意味で「制度」と総称する。

(三) 制度を定める「政治」

右の例から「制度」について言えることは、それは何らかのかたちであらかじめ定められており、人をそれに従わせる強制力をもつ、ということである。強制力をもつといっても、私たちが生きている近代以後の社会では、「制度」の制定も、その強制力の根源も、神の摂理や権力者の恣意ではない。それらの根拠となっているのは「政治」である。それ故、教育の「制度」について考えることは、ただちに教育と「政治」について考えることでもある。

さて、右の例では、「制度」は教師の個人的な信条を暴力的に制約するものとして、さしあたりネガティブな口調で語られていた。しかし、「制度」は最初からネガティブなものではない。たとえば、哲学的人間学では制度の「負担免除機能」ということが言われる。人間は日常的には「制度」という枠組みに従うことで、その都度の行為の方向づけにいたずらに力を費やすことなく、より創造的な営みに力を振り向けることができるのだ、という知見である。[1] 私たちの日常的な営みが、この意味での「制度」によって方向づけられていることは、私たちにとって桎梏であると同時に支えである。

とはいえ、教師の営みと「制度」、そして教育と「政治」の関係が、しばしばネガティブな葛藤として語られてきたのには、おそらく歴史的な理由がある。そこでこの章では、教育と「制度」や「政治」との関係がどのように語られてきたのかを、現行の教育制度の歴史的成り立ちについて触れながら、概観してみたい。そして、その試みを通して、「制度」という一見、最も動かし難い教育現実の枠組みに対して、教育の「語り直し」がどこまで及ぶのか／及ばないのか、を考えてみたい。「制度」が私たちの支えである時には、私たちは取り立ててそれを問題とする必要はない。しかし、それが桎梏となっている時には、私たちはそれを変えることができなければならない。それは如何にして可能なのだろうか。その時、教育の「語り直し」は、どのような役割を果たすのだろうか。それを考えてみたい。

(四)「物語り」としての歴史

ところで、この章で試みようとしているのは、きわめて概略的なものであっても、一種の歴史叙述である。ただし、それが目指しているのは、「制度」という教育現実の枠組みに対して「語り直し」の営みが如何なる意味をもつのかを考えることであった。この基本的なスタンスは当然、歴史とは何か、という根本理解にも及ぶ。すなわち、筆者は、唯一絶対の歴史的「現実」が存在して、それを客観的に明らかにするのが歴史である、とは考えない。歴史とは、過去に関する無数のデータから特定の事象を選び出し、筋立てて物語る営みである、と考える、いわゆる「歴史の物語り論」[2]の立場に立つ（この理論的基礎についての検討は、本書の第7章も参照されたい）。そして、その物語りの筋立て、見立ては、語り手の現在と未来に対する実践的関心によって規定される、と考える。従って、この章の叙述は、教育の「制度」の歴史という対象レベルと、その歴史の語られ方の歴史、というメタレベルの、二重の構造をもち、さらに、このメタレベルの検討そのものもまた、筆者自身の実践的関心に規定されている。そのことをここで確認した上で、本論に入ることにしよう。

2 現行の教育制度のはじまり――戦後教育改革

(一) 敗戦後の教育改革

現行の日本の教育制度の枠組みは、第二次世界大戦での敗戦後の教育改革によって確立されたものである。法体系としては、「日本国憲法」(一九四六(昭和二一)年)――「教育基本法」(一九四七(昭和二二)年、二〇〇六(平成一八)年に改定)を頂点に、「学校教育法」や「社会教育法」、「地方教育行政の組織及び運営に関する法律」、「教育公務員特例法」、「教育職員免許法」など、憲法以外は改変を経ながらも、大枠だけは変わっていない。六―三―三―四制の学校階梯や教育委員会制度、学習指導要領と教科書検定制度による教育内容の統制といった枠組みも同様である。ただし、後述するように、教育委員会制度や学習指導要領には、後に本質的な改変が加えられている。

周知の通り、教育基本法は二〇〇六年に改定された。それを主導したのは、いわゆる「押しつけ憲法」の改定を党是とする自由民主党の安倍晋三首相(第一次内閣)だった。当時、この改定は、次なる「憲法改正」への地ならしとも目されていた。教育基本法の改定は、単なる教育問題ではなく、日本国憲法を基盤とする第二次世界大戦後の日本社会をどのように評価するのかをめぐる、大きな政治的主題だったのである。このことは、逆に、そこで改変が試みられた「戦後教育」の枠組みの基本的性格を照らしだす。

(二) アンチテーゼとしての戦後教育改革

改定前の旧「教育基本法」は、前文において「日本国憲法の精神に則り」制定されたことが明記され、新しい憲法との一体性が強く謳われる一方、学問の自由や教育行政のあり方、政治教育や宗教教育についての条文は、いずれも敗戦までの日本の教育体制(その根底にあったのが「大日本帝国憲法」と「教育に関する勅語」であった)に対する明白な否定を意味するものであった。第一条における「人格の完成」という「教育の目的」規定も、しばしばその「空虚さ」が批判されたものの、むしろ教育勅語における「お上から」の教育目標の押しつけに対するアンチテーゼを示すものとして理解することができる。改定された教育基本法には細かな教育目標の規定が盛り込まれているのとは対照的である。

この旧「教育基本法」が端的に示しているように、戦後教育改革の基本的性格は、敗戦までの日本の教育に対する反省と否定に基づく「平和主義」と「国民主権」の理念にあった。では、そこで否定された戦前の日本の教育とは、どのようなものであったのだろうか。[3]

3 教育勅語体制――「資本主義・ナショナリズム・教育」という見立て

(一) 「教育勅語」に基づく超国家主義的な教育支配

およそ「良い戦争」というのはあり得ないとしても、第二次世界大戦(日本が関わった部分に関して言えば「アジア太平洋戦争」、それを肯定的に捉える立場からは「大東亜戦争」と称される)における日本の戦争は、自国民にとっても他国民に対しても、その悲惨さ、残虐さにおいて、世界史上、有数の事例の一つであったと言えそうである。それをもたらした要因の一つが、戦前の日本の教育であったと言われる。（それ故、日本の敗戦後、占領軍は教育改革に力を入れた。そしてその事情がまた、いわゆる「戦後教育押しつけ」論を惹起してきた。）上述の旧「教育基本法」が戦後教育の基本理念であり象徴であるならば、敗戦までのそれは「教育ニ関スル勅語」（一八九〇（明治二三）年）であった。教育史においては「教育勅語体制」という呼称も定着している。

教育勅語では、わが国における「教育の淵源」は、皇室による国の創始と仁政（という、今日から見れば神話ないしフィクション）、そしてそれに呼応する「臣民」の忠誠にある、とされていた。忠・孝・博愛・修学といった儒教の徳目と共に、「一旦緩急アレハ義勇公ニ奉シ　以テ天壌無窮ノ皇運ヲ扶翼スヘシ」として、天皇＝国家＝公という図式が謳われ、それへの奉仕が教育の使命とされたのである。何故、このような超国家主義的な教育の支配が必要であり、また可能となったのだろうか。それは必ずしも日本に特殊な事情ではなく――天皇の神格化とそれへの忠誠という意匠こそ当時の日本に固有なものであったとしても――一九世紀の後発資本主義国においては歴史的な必然性をもったものであった、というのが教育史の定説である。

(二) ナショナリズムと教育との結びつきを如何に理解するか

この定説の前提になっているのが、一九世紀当時の先進各国を、帝国主義段階の資本主義国家と捉えるマルクス主義の歴史観である。――ごく大づかみに言うならば、当時の先進各国は、国内の産業を発展させ、その市場としての植民地の獲得競争に勝つ（「富国強兵」という明治日本のスローガンは、それを端的に表現している）ために、有能かつ勤勉・従順な労働者と兵士を効率的に育成する必要に迫られていた。全国民を対象とした「国民教育制度」が当時、各国で整備されたのは、その必要への対応に他ならなかったのだ、と。さらに、経済的競争にせよ軍事的競争にせよ、勝ち抜くためには、自国民が「〇〇国民」として国のために働き、戦うという意識が不可欠であった。学校教育は、そのような「国民」の形成と統合のための装置であったのだ、と。

このようなナショナリズムと教育との結びつきは、程度とスタイルの相違こそあれ、当時の先進各国では共通して見られるものであった。しかし、日本やドイツのような後発資本主義国は、既に進行していた帝国主義的な世界分割に割って入るために、とりわけ急速に「国民」の形成と統合を進める必要があった。「教育勅語体制」というのは、その日本的なスタイルだった、というわけである。

（三）マルクス主義的な歴史の「見立て」の射程

この章の最初（第1節の終わり）に述べたように、筆者は、唯一の歴史的「現実」が存在して、それを客観的に明らかにするのが歴史である、とは考えない。マルクス主義的な歴史観も一つの「見立て」であり、歴史の一つの「語り方」である、とする立場である。その上で、この「見立て」は、かつての一九世紀から二〇世紀にかけての教育の国家支配を理解する枠組みとしては有効なものであったと考えるが故に、それを用いて戦前の教育について説明を試みた。ロシアと東欧における社会主義国家の崩壊以後、政治思想としてのマルクス主義は、かつてのような影響力を失っている（近年のわが国では、社会的経済的格差の拡大に伴ってリバイバルの動きもあるものの）。しかし、たとえば「資本主義」や「帝国主義」といったマルクス主義に由来する諸概念は、歴史学においては依然として頻繁に用いられており、上述のような、戦前の日本の「教育勅語体制」を含む一九世紀先進各国における「国民教育制度」の普及を説明するのに、これに根本的に取って代わり得る概念装置は、筆者の知る限り、未だ提起されていない。

もうしばらく、この枠組みを使って話を進めることが可能である。しかし、今日に至って、私たちの教育の「現実」は、もはやかつてのようなマルクス主義的な「見立て」では充分に説明することができなくなっている、と筆者は考えている。そのような状況に至った過程を、引き続き見て行こう。

4　冷戦期イデオロギー対立の言説構造

(一)「逆コース」という見立て

戦後の教育改革、延いては戦後日本を肯定的に評価する立場からは、朝鮮戦争から高度経済成長期に至る時期の教育のあり方は、戦後改革の理念が後退して行く過程として語られる。当時のマスコミ用語を使うならば、それは戦前のようなあり方に戻ろうとする「逆コース」の歩みであった、と。きっかけは、東アジアでは朝鮮戦争に始まる、東西冷戦に伴う米国の対日政策の転換であった。日本を東アジアにおける共産主義への防波堤にしようとした米国の意向に呼応しつつ、一九五五年に自由民主党を結党する保守派の政治勢力は、軽軍備と経済成長による日本の復興を志向した。それは、いわば「富国強兵」の「強兵」部分を切り詰め、もっぱら「富国」に集中する戦略であった。その中で、教育のあり方も大きく変質を強いられた。

その後、ごく一時期を除いて、近年まで一貫して政権を握っていたのは自由民主党であった。従って、戦後日本の教育行政の動向は、自由民主党の教育政策に等しかった。その基本性格は、経済成長のための「人的資源」の供給・選別の装置として学校教育を活用する、というものであった、と見ることができる。その下で、たとえば当初は例示に過ぎなかった学習指導要領は、「基準」であることが強調され、全国の学校での教育内容を統制するナショナル・カリキュラムの性格を強化された。地域の教育のあり方は地域住民が決める、という地方分権が趣旨だった教育委員会制度は、公選制から任命制に変えられることで、むしろ中央集権的な教育統制の末端装置として機能することになった。道徳教育が強化され、日の丸・君が代が徐々に復活して強制されるようになる。天皇を神格化する超国家主義的な意匠を除けば、国家＝公に奉仕する教育、という構図は、たしかに戦前と変わらない。教育における「逆コース」という見立ても、あながち見当違いではなかったように思われる。

(二)「教え子を再び戦場に送るな」——教師の対抗言説

ただし、このような「見立て」そのものが、戦後の教育をめぐるイデオロギー対立における、支配的勢力に対する対抗運動の視点でもあった。この対抗運動を中心的に担ったのが、一九四七年に結成された日本教職員組合（日教組）であった。結成当時の日教組の有名なスローガンは「教え子を再び戦場に送るな」というものであった。このスローガンが、悲惨な戦争の記憶が生々しい当時の日本社会においてアクチュアルなものであったことは、おそらく確かだろう。しかし、そのアクチュアリティは、冷戦期のイデオロギー対立に巻き込まれ、「政治」の言葉によって語られることになって行く。

第二次世界大戦後の冷戦構造（米国や西欧、日本といった資本主義陣営と、ソビエト連邦や東欧、中華人民共和国といった社会主義陣営との対立）は、日本国内では、自由民主党に結集した「保守」勢力と、日本社会党や日本共産党という「革新」勢力との対立、というかたちになった。国会では自民党が常時、概ね三分の二の議席を占めて政権を担い続け、残り三分の一の社会党などが批判勢力という、いわゆる五五年体制である。日教組は、労働組合であるが故に、当然、社会党や共産党と深いつながりをもった。それらの「革新」政党が議会の場で日教組の主張を代弁する一方、選挙の際には労働組合が政党の強力な支持団体となった。

（三）教師の仕事の政治性

誰でも、自分の働く場をよくしたい、と願うのは自然であろう。その意味で、教師が、自らの仕事の場である学校をよくしたい、と望むのは当然のことである。学校のあり方が「制度」によって規定されていて、その「制度」を決めるのが「政治」であるならば、学校をよくしたいと願う教師が「政治」を志向するのも、また当然である。ただし、教師の場合、この「よくしたい」という願いは、労働者一般とは異なる複雑な意味合いをもってしまう。労働者として自らの労働条件の改善（たとえば賃上げ）を求めることは、教師も一般の労働者と変わらない。しかし、たとえば教育行政やカリキュラムをめぐって教育のあり方そのものの「改善」を求める（あるいは「改悪」に反対する）ことは、賃上げ交渉とは異なる政治的な意味をもつ。なぜなら――教育のあり方について政治的な意見をもち、主張する権利を有する一市民としての立場と、教室での教師としての立場は、あくまで峻別すべきであるとしても――教師は（戦前の多くの教師が国家によってそのように仕向けられたように）生徒に対して特定の政治的主張を教え込むことができる潜在的な可能性を有しているからである。当時、実際にどれ程の教師が意図的にそのような政治教育を行なったのかは、筆者には判断がつかないが、支配勢力の側は明らかにそれを警戒して、強制力によってそれを抑圧しようとした。教師の側は反発を強め、教育を語る言葉はイデオロギー対立の構図に、ますます強く規定されるようになって行く。

冷戦下の日本において、教育を語る言葉の多くは、このイデオロギー対決の構図に回収され、硬直化、陳腐化を余儀なくされた。その時、政治の場や労働組合運動の場で語られる言葉そのものが、教育の現実を狭隘に切り詰めたかたちで構成する、もう一つの「制度」だった、と言ってもよいかもしれない。そして、この制度的言説が覆い隠したことの一つが、教育という営みが原理的に、宿命的にはらんでいる権力性、政治性である（近年の教育学において、この認識が高まったことについては後述する）。「逆コース」に反発する教師の大半は、悪しき「政治」に対して「教育」を擁護しようとした（この点に関しては、本書の第8章も参照されたい）。その限りで、「政治」は「教育」の外側に措定されており、教師は自分たちの言葉と実践がもつ政治性を自覚していなかったと思われる。きわめて強力な政治的磁場のなかで、教育について本来、語られるべき政治的な議論は、むしろ見失われていた、と言うべきかもしれない。その傾向を支えていた、いわばもう一つの「制度」があった。それが「戦後教育学」の言説である。

5 「戦後教育学」の言葉――「科学」と「発達」

(一) 対抗言説を支える教育「科学」

戦後、日本の教育学の大勢、あるいは主流は、日本教育学会を中心として、政府の教育政策に対抗する日教組を理論的にサポートしてきた。その動向は「戦後教育学」と総称されており、近年では「冷戦期教育学」という言い方で、批判的な総括も試みられている。[4] 教育学というのは、「学」という以上、価値中立的で、従って政治的にもニュートラルではないか、と思われるかもしれない。しかし戦後教育学は、いわば戦後の教育をめぐる政治的対立の一方に理論的な拠り所を与えようとするものであった。「学」の政治性についての原理的考察にここで立ち入ることはできないが、筆者は、そのことを必ずしもネガティブには捉えない立場である。広い意味での教育学が、何らかの「善さ」を実現したいと願う実践性、規範性を内包するものであるならば、それは（後述するような意味での）「政治」から切り離されたものではあり得ない、と考えるからである。むしろ問題は、逆に戦後教育学が、その本来的な政治性を覆い隠すような性格をもっていたことである。

もちろん、当時の革新政党や労働組合の対抗運動や対抗言説が基本的にマルクス主義の影響を強く受けた左翼的なものであったことは確かである。（この章の前半で採用しているマルクス主義的な教育史の「見立て」も、その一環である。）しかし、冷戦期の日本における対抗的教育言説に対する「戦後教育学」のサポートは、決して政府の教育政策の政治性に別の政治性を露骨に対抗させるようなものではなかった。

そうではなく、支配的勢力の教育政策に対して、学問や科学の名で、その不当性を批判し、あくまでイデオロギーではなく「科学的真理」としてオルタナティブを提起しようとするものであった。

その際の最も中心的なキイワードが「発達」であった。——教育のあり方を指し示すのは「発達」の道筋である。教育というのは「発達」の援助の営みである。教育の制度やシステムは「発達」を保障するものでなければならない。教師の仕事の専門性も、「発達」の道筋の見通しと、それへの援助の力量にある、等々。——この言葉は、現在でも私たちの教育の語り方を大きく規定している。今日では、もはや「戦後教育学」における対抗言説としての意味合いはすっかり拡散して、まさに陳腐化している（行政文書においてさえ汎用されている）が、そのことによって、逆に「制度」としての強度を獲得していると言ってもよい。（試しに「発達」という言葉を一度も使わずに子どもや教育を語ってみてほしい。如何に難しいことか。その難しさを通じて、それだけ「発達」概念が普及していることが、よくわかると思う。）

（二）「発達」概念が覆い隠したもの

この便利な言葉は、しかし、教育をめぐる重要な問題を隠蔽することにもなった。すなわち、「科学」によって解明される「発達」の道筋が教育のあり方を指し示す、という前提は、教育という営みが本質的にはらむ政治性を見えにくくさせてしまったのである。「科学」と「発達」の概念に依拠した対抗言説は、政府による「不当な」（「非科学的」で「政治的」な）教育支配に対して批判の拠り所は与えたものの、それではその支配が排除された後に教育は如何にあるべきなのか、と考える際に、不当な支配さえ排除されれば自ずと教育の理念が確立され、実現に向かう、といった、実際には根拠のない想定を暗黙のうちに許してしまうことになった。そのために戦後日本の教育言説において空白となってしまったのが、後述するような「公共性」に関する議論であった。

前節とこの節で見てきたような、戦後日本における教育をめぐる「政治」の言葉と「科学」の言葉は、教師のみならず、広く一般に私たちが教育を語る言葉を規定していた。政府は強制力をもった「制度」によって学校教育をコントロールしてきたが、その「制度」に対抗する教育言説もまた、別な意味で私たちを「制度」として縛るものとなっていたのである。それらの、陳腐化し硬直化した語りは、やがて教育の「現実」の理解や構成を阻害するようになって行く。それが顕在化してきたのが、一九八〇年代だった。

なお、「発達」という語り方が覆い隠してしまったものについて、ここでは教育の制度や政治をめぐる議論に焦点化して論じているが、教育という営みをどのようなものとして捉えるのか、という、より広い文脈で考えるならば、目的合理的な労働をモデルとする「発達」概念に対して、それには回収され得ない「超越」や「生成」の契機を対置する議論が今日、次第に広く受け入れられるようになっていることを付言しておこう。[5]

6 新自由主義的教育改革の潮流

(一) 規制緩和の言説

教育をめぐる戦後の言説空間を規定していたイデオロギー対立の構図が最終的に無効になったのは、おそらく一九九三年の細川政権の成立で自民党がいったん下野した後、翌九四年に自民党と社会党の連立による村山政権が成立した時であろう。文部省（当時）と日教組それぞれのバックにあった政治勢力が、こともあろうに手を組んでしまったわけである。しかし、文部省にせよ日教組にせよ、イデオロギー対立の構図の中で教育を語る言葉は、既に一九八〇年代から、その有効性を失っていた。

その無効化をもたらしたのは、一つには、学校をめぐる社会情勢の変化、とりわけ学校教育を求める親の願いのありようの変化であり、もう一つは、それらに呼応するかたちとなった新自由主義的な教育改革の言説である。後者が顕在化したのは、一九八四年、当時の中曽根康弘首相（「戦後政治の総決算」を掲げていた）の肝入りでつくられた臨時教育審議会においてであった。その状況を端的に表現するキイワードが、教育の「私事化」という言葉である。学校が「富国強兵」の手段であった明治時代以来、学校教育は国家の盛衰にかかわる、すぐれて「公的」な事柄であった。教育行政は、学校教育のあり方を制度的に強く規制・管理するものであったが、それは半面、教育が国家によって制度的に保障されることをも意味していた。その下で、日本の学校教育はきわめて画一的ながらも、世界的にきわだった高水準を維持してきた。ところが臨時教育審議会第一部会（香山健一座長）では、教育行政の規制緩和、「自由化」が主張された。自由化論者たちは、教育行政のコントロールを緩和して自由な選択に委ねるべきだと主張した。その前提には、教育というのは、自由主義（資本主義）経済において消費者が自らの求める商品やサービスを任意に購買するのと同様に、基本的に個々の保護者と子どもが選ぶべきものだ、という考え方があった。その意味で、教育とは「私事」である、と。もちろん、その「私的」な選択に伴うリスクも、個々人が「私的」に負うべきである、ということになる。また、その自由化論は、決して個人の権利の尊重という理念から主張されたのではなく、自由な競争こそが社会の人的資源の総量を効率的に増大させる、と考えるが故の、その意味でむしろ国家主義的なものであった。

(二) 教育の「私事化」の隘路

それに対して、同じ臨教審の第三部会（初等中等教育の改革担当、有田壽一座長）は、文部省や自民党の従来の文教族の意向を反映して、あくまで教育の国家管理・保障を強く主張して譲らず、最終答申では異例の両論併記のかたちとなった。しかし、臨教審以降、教育行政における「自由化」の趨勢は次第に定着して行くことになる。その背景にあったのは、一つには、教育行政に限らず、一九八〇〜九〇年代に世界的な傾向になった「新自由主義」の隆盛である（米国におけるレーガン政権、英国におけるサッチャー政権、少し遅れて日本における小泉政権のいわゆる「構造改革」も）。と同時に、もう一つは、高度成長期を経て豊かになった日本の社会で、教育に個人的な欲望の充足を求める傾向が強まったことである。もちろん「富国強兵」の時代でも、学校教育は一方で個人の「立身出世」の手段ともなることで、個人的な欲望を取り込んでいた。しかし、高度に発展した資本主義の社会となった八〇年代以降の日本では、教育の分野に限らず、欲望への歯止めが失われた。その結果、新自由主義的な教育「改革」と、わが子の教育に対する親の願い＝欲望との（それを否定的に見る立場からしたら）「共犯関係」が指摘されるようになる。

この趨勢に対して、国家の側からは「自由化」とセットとなったナショナリズムの強化という対応がなされた。というのは、教育の分野に限らず、新自由主義的な競争は結果的に格差を生み出し、社会的な紐帯を弱めることになる。それが社会の不安定化をもたらさないためには、何らかの人為的な統合力が必要になる。ナショナリズムは、そのための装置として有効だったのである。学校教育における日の丸・君が代の強制がむしろ近年になって強まっているのは、戦争の記憶の希薄化の故だけではない。新自由主義的な教育改革の潮流の中では、「制度」の強制力は弱まるように見えて、実際には逆に、教育に対する国家統制が強化されることにもなったのである。

ところが対抗運動の側は、この「自由化」「私事化」の趨勢に対して有効な対応ができなかった。この点で戦後教育学の言説は無力さを露呈してしまった。何故なら、戦後教育学は、教育の国家統制に対抗するに、むしろ教育を積極的に「私事」と認め、その「私事」が共同化したものが学校教育である、という理論的構成をとっていたからである。そのため、国家の側から「私事」化としての「自由化」が――しかも、当の親の願いと呼応するかたちで――打ち出されてきた時には、それに対抗し得るオルタナティブを提起できなかったわけである。[6] このことが自覚されるようになって、一九九〇年代以降の教育学では、後述するように、教育の「公共性」とは何か、ということが議論の焦点となった。

7　教育問題と「教育という問題」――教育に内在する政治

(一)　新たなタイプの教育問題

戦後日本における教育をめぐる言説は、教育に対する強力な国家統制を是とする支配的勢力(自由民主党政権と文部省)と、それを批判する対抗勢力(「革新」政党、日教組、「戦後教育学」)とのイデオロギー対立の構図によって特徴づけられる、というのが、この章で筆者も採用している「見立て」であった。

この言説空間の中で教育が論じられる際には、とりわけ教育「問題」が論じられる際には、いずれの立場からも、まず理念的な教育のあり方（教育とはこのように「あるべき」）が措定され、それを阻害して「問題」を引き起こしている要因を外部に――戦後教育学の立場からは、戦前から引き続く国家統制に、支配勢力の立場からは、教員の「政治化」（左翼化）に――求め、指弾する、というのが通例であった。しかし、一九七〇年代の後半から、校内暴力、いじめ、不登校といった、それらいずれの議論でも説明のつかない新しいタイプの教育問題が広範に生じてきた。相互に「犯人捜し」をするような単純な議論（たとえば、管理教育が校内暴力を引き起こす、とか、教師の指導力不足が不登校を生じさせる、といった主張）は続いていたが、それらはもはや充分な説得力をもたなくなって行った。

その理由は、イデオロギー対立の背後にあった冷戦構造の終結のためだけではない。高度経済成長期を経た日本の社会では、子どもと学校をとりまく状況は大きく変化していた。爛熟した高度産業化社会で育つ子どもたちには、かつてのような学びへのインセンティブも、学びを支える生活体験や生活習慣も失われつつあった。子育てや家庭教育も変化した。「私事化」の趨勢は、その端的な現われである。私的な欲望が無制約的に肯定される一方、あらゆる能力が商品化され、子どもたちは常にその能力や達成を値踏みされるようになる。にもかかわらず、歴史的に近代化、産業化の装置であった学校のあり方は、その状況（いわゆるポストモダン的状況）に対応して変わることができなかった。のみならず、かつては学校教育があてにすることができた前提条件や支えを家庭や地域社会に期待することもできなくなっていた。学校というシステムは、子どもと教育をめぐる、かつてなく困難な状況を一人引き受けることを余儀なくもされていたのである。

今日では、上述のような新しいタイプの教育問題の原因を、学校教育以前の社会や家庭や子どもの変化に見る議論が広く受け入れられているように思われる。しかし奇妙なことに、あるいは不幸なことに、一九八〇年代から九〇年代にかけて盛んだったのは、教育問題の元凶を、まず学校や教師に見る論調であった。ただし、そのような学校批判（学校バッシング）は、かつての冷戦下でのそれとは異なった様相を示していた。

（二）「教育」そのものの権力性の自覚

先に、マルクス主義的な歴史観の射程について触れた。筆者は、学校を国民形成、国民統合の装置として捉える「見立て」は、明治期から敗戦後、そして高度成長期までの日本の教育「制度」や教育「問題」を説明するために有効な枠組みであったと考える。しかし、高度成長期以後の教育の状況は、そのような古典的な「見立て」だけではもはや説明がつかない。この時代、それに代わるものとしてアクチュアルであったのが、「近代教育批判」の言説であった。

上述のように戦後教育学は、「科学」と「発達」の概念を掲げる一方で、「政治」を「教育」の外にある阻害要因として措定してきた。「教育の論理」を政治に対して擁護することが教育学の使命であり、教師の対抗運動の拠り所であった。そこでの議論の構図は、いわば「悪い制度」が「よい教育」を妨げている、というものであった。それに対して、この時期、「近代」という時代そのものを批判的に相対化し乗り越えようとするポストモダニズムの思想の隆盛に影響を受けて、教育学では、「教育」という営みそれ自体を近代社会に固有の人間形成の様式として相対化し、それが原理的にはらんでいる権力性をあらわにしようとする論調が見られるようになり、次第に影響力を増して行った[7]。
教育が原理的にはらんでいる権力性とは何か。たとえどれほど善意に基づいたものであれ、教育とは、おのれ自身ならざる「他者」の生を方向づけてしまう営みである。人間を超えた超越的な権威をもたない近代社会においては、教育は人間による人間の形成であり、支配であることを避け得ない。それを自己形成と考えたとしても、この隘路からは逃れられない。何故なら人間は、自らが如何に形成され、教育されるべきか、について、教育される以前には知ることができないからである。教師と生徒、親と子、大人と子どもとの間の教育関係は、その意味で本質的に権力関係である、というのである。

このように考えるならば、（戦後教育学の問題構制のように）本来の「よい教育」が何ものかによって妨げられているという意味での「教育問題」ではなく、そもそも「教育」という営みそのものがネガティブな契機をはらんでおり、困難を引き起こしている、という意味での「教育という問題」こそが問われなければならない、ということになる[8]。このような「近代教育批判」の言説は、上述のような新しいタイプの教育問題に直面した状況にうまく適合した。国家というマクロな権力に対抗しようとした「戦後教育学」よりも、学校や教師のミクロな権力性、抑圧性を批判的に暴露する「近代教育批判」の方が、校内暴力や不登校のような現象を的確に説明できると感じられたのである。

たしかに当時、「近代教育批判」はアクチュアルであった。戦後日本における教育をめぐる言説空間を規定していた構造を打破し、戦後教育学を乗り越えるためにも、それは必要であった。しかし「近代教育批判」は、それ自体が何かオルタナティブを提起し得るもの、すべきものではなかった。むしろそのアクチュアリティは、意図せざる結果として新自由主義的な「改革」の跋扈に道を開くと共に、教師の仕事の拠って立つ基盤をいっそう掘り崩すことになってしまった、という批判的総括もなされている。では、私たちは「教育」そのものの本質的な権力性を自覚した上で、いったい如何なる仕方でその隘路を克服できるのだろうか。

8 教育の「公共性」の模索

(一)「公共性」論のアクチュアリティ――「外部」からの根拠づけの克服

あらためて考えてみよう。教師の仕事、教育という営みが、国家という「公」によって定められた「制度」の枠内でのみ遂行されるべきものならば、教師というのは単なるエージェント（代理人）、統治機構の末端のいわば部品に過ぎないことになる。一市民として、教育の「制度」を変える政治に関与することは原理的に可能であるが、それはあくまで教師としての立場を離れて、ということになる。教師が教師として、教育の「制度」そのものに関与することはあり得ない、ということになってしまう。

それに対して、戦後日本の対抗運動の言説は、「科学」と「発達」の概念に依拠して、国家の定めた「制度」を批判し改変する可能性を、そしてその際、教師が専門家としてその改変の過程を担う可能性を、指し示そうとした。これはある時期まで、かなり説得力のある言説の構制だったと言ってよい。

しかし、私たちは今日、それにかつてのようなアクチュアリティを感じられなくなっている。それは、一つには、「発達」の道筋の「科学」的解明があるべき教育のあり方を指し示す、という論じ方が、上述のような社会状況を背景に生じてくる新しいタイプの教育問題に対応するには、あまりにもナイーブに響くからであろう。「戦後教育学」が、科学的「事実」から直ちに「当為」（「あるべき」）を導きだしてしまうほど科学論的にナイーブであった、というわけではない。理論的には、「当為」を規定する歴史的・社会的な条件への顧慮も欠いてはいなかったかもしれない。しかし状況論的には、それは時代に追い越された観が強い。「教育」そのものの権力性を批判する「近代教育批判」の隆盛は、「戦後教育学」のそのような弱点を裏付けるものであろう。

さて、ここで注目すべきは、教育の国家統制を全面的に肯定する立場においても、それを批判する「戦後教育学」の立場においても、いずれも教師にとっての「あるべき」は、教師の仕事の外から、学校の外から与えられることになる、という点である。前者については言うに及ばず、後者においても、教師は「発達」の援助の専門家であるといっても、その「あるべき」道筋を明らかにするのは、教育ではなく「科学」の仕事である。やはり教師の仕事の根拠は「外部」にあることになる。その限り、教師が教師として、教師の仕事に即して教育の「制度」に関わることは、やはりあり得ないことになる。しかし、果たして可能性はそれしかないのだろうか。――教育の「公共性」をめぐる近年の議論が、この問題を考えるための手がかりを与えてくれる。

（二）新たな教育の「公共性」論――「反基礎づけ主義」的基礎づけ

一九九〇年代以降の教育学においては、教育の「公共性」が議論の一つの焦点になった。その背景にあったのは、既に述べたような新自由主義的な教育改革と教育の「私事化」の趨勢であり、それらに直面して限界を見せた「戦後教育学」の乗り越えという課題であった。筆者の見るところ、この時代の新たな教育の「公共性」論には一つの共通した特徴があった。それは、学校のあり方や教師の仕事の根拠や基礎づけを、学校の「外部」に求めるのではなく、学校における人々の議論やコミュニケーションそのものの内に見出そうとする構えである。それらの中でおそらく最もよく知られた、佐藤学の構想を例に挙げてみよう。佐藤は、学校という場を、子どもたちが学び合うのみならず、教師たちが互いに専門家として学び合い、また保護者や市民も学校教育に参加して、教育の公共圏を創造しつつ学び合う「学びの共同体」として再構築することを提唱している。それは、学校の外部にそれを基礎づける公共性を求めるのではなく、むしろ学校を公共性創出の過程そのものと再定義し、その過程以外の何ものにも立脚しないことによって、逆に学校を民主主義的な公共性実現のために本質的な契機とする、という構想である。[9]

佐藤に典型を見るような、このような構えを筆者は、教育の公共性の「反基礎づけ主義」的基礎づけと呼ぶ。[10] そこでは教育の「公」は、学校や教師に対して外から、国家によって与えられるものではなく、自らつくり出すものである。その過程に教師は専門家として参加するが、あくまで共同体の一員としてであり、教師としての立場が何か特権的な意味をもつわけではない。学校での教育のあり方は——理念的には、その「制度」的枠組みに至るまで——親と教師と社会の人々と、そして子どもたちの、議論やコミュニケーションによって決められる。国家であれ科学であれ、超越的な基礎づけは、どこにも認められていない。根拠はあくまで共同体に内在している、と考えられているのである。（ただし、公共性一般ではなく、他ならぬ教育の公共性において、教育者と被教育者の非対称性の問題、換言すれば上述のような教育の原理的な権力性の問題を、これらの構想は克服できるのか、という点については、別の問題として、ここでは留保を示しておきたい。）

さて、このような新しい教育の「公共性」論においては、教育の「語り直し」が本質的な重要性をもつことになる。たとえば「学びの共同体」において教育の公共圏がつくり出される過程を、佐藤学は「小さな物語の紡ぎ合い」と表現していた。親も教師も社会の人々も、そして子どもたちも、さしあたりそれぞれ多様な教育の「物語」を生きている。教育のあり方や教育問題をめぐる議論やコミュニケーションの中で、それらは異なった「物語」と出会い、葛藤や対話を通じて、まさに「語り直される」。この「語り直し」の過程を通じて、教育の「公」が、いわば共有され得る「物語」として確立されて行く。そしておそらくその先に、桎梏となった「制度」をつくり直したり、より豊かに私たちを支える「制度」をつくり出すこと、すなわち教育に内在するポジティブな意味での「政治」の可能性をも展望することができるのである。

(三)「物語る存在」としての人間

上述のポストモダニズム隆盛の時代にしばしば唱えられたのが「大きな物語の終焉」という命題であった。リオタールがこの命題によって引導を渡そうとした直接の相手はマルクス主義の歴史観、世界観であった。「科学」に裏付けられた人類の「進歩」は、全ての人々が平等な社会主義、共産主義の社会に必然的に至る、というのは「大きな物語」に過ぎなかった、と。しかし、この命題は単にマルクス主義批判にとどまらず、たとえば「近代」も「啓蒙」も「国民」も「国家」も、およそ私たちが懐いてきた理想や理念といったものは全て「大きな物語」であった、という認識を意味していた。そのような認識がアクチュアルな状況に私たちは生きていた(し、筆者は今でも同様に感じている)。

それは同時に、以下のような認識をも意味していた。「大きな物語」と見切られたものの外に何か「現実そのもの」や「本当の物語」があるわけではない。人間というのは自分が生きていることの意味を求め、それを理解せずには生きられない存在である。その意味づけは、自らの生を一連の筋立てで「物語る」ことによって初めて可能になる。それ故、生きるということは何らかの「物語」を生きることに他ならない。私たちは「物語」そのものから逃れることはできないのである。[11]——本書の第4章、第5章で論じた、教育の「現実」は私たちの「語り」(ナラティブ)によって構成される、というコンセプトも、本章の叙述の根底にあった「歴史の物語り論」も、このような認識のアクチュアリティの上にある。

(四)「物語り」と「公共性」

さて、このような認識に基づくならば、私たちの日常的な「教育」の意味を方向づけている「制度」は——この章でこれまで見てきた、国家による法的・制度的な教育の枠組みであれ、それを批判する対抗運動、対抗言説のそれであれ——全て「大きな物語」の装置である、と見なすことができる。たしかにそれらは、常に私たちの教育の営みに強制力を及ぼし、しばしば私たちの教育言説を拘束して陳腐で硬直化したものとする。しかし、それらの根拠が結局のところ「物語」であるならば、それは「語り直す」ことが可能なはずである。実際に暴力として作動する「制度」の強制力に如何に抵抗することができるか、という実践的な課題は常に残るとしても、「制度」が桎梏となっている時に、それを如何に変えることができるのか、「制度」という教育現実の枠組みに対して教育の「語り直し」の力はどこまで及ぶのか、という問いに対して、一つの原理的な展望を、私たちはそこに見いだすことができるのである。

学校というのは、さしあたり私的な、多様に異なった「物語」が出会い、葛藤する場たらざるを得ないだろう。そこでの「物語」が、多様性と葛藤のままに放置されるのではなく、選ばれねばならないとしたら、その選択は何によって根拠づけられるべきか。それは、これまでもっぱら国家によって僭称されてきた「公」でもなく、さりとて政治や物語の外にある「科学的真理」でもない、新しい教育の公共性によってである、と私たちは考える。この新しい教育の公共性は、これまで私たちを支えてきた／支配してきた「大きな物語」が、そして私たち一人ひとりが生きている「小さな物語」が、葛藤と対話のうちに「語り直される」ことによってつくり出される。このような「物語」の公共的な「語り直し」以外に、もはや私たちは拠り所をもたない。——というのが、この章で語られてきた歴史的過程を経た、私たちの今の姿勢である。既存の教育の「制度」の正当性は、この過程を通じて問いに付される。新しい「制度」もまた、この「物語」の公共的な「語り直し」によって根拠づけられる。——そのような営みこそが、かつて教育の外に措定されていた「悪しき政治」とは異なった意味での、教育に内在するポジティブな意味での「政治」に他ならないのである。

このような姿勢と構想が、果たして絵に描いた餅以上のものであり得るのかは、これからの私たちの実践に委ねられている。その際、その「語り直し」を促し、かつ担保するものは何か、ということが、あらためて問題となってくる。「物語」が私たちの生の意味づけを可能にしているとしたら、それを敢えて「語り直す」というのは、実はきわめてしんどい営みでもあるはずである。にもかかわらず、それを私たちに促し、それが実りある営みであることを保証するのは何か。そこで私たちの視野に入ってくるのが「超越」や「美」、そして「他者」といった概念である。[12]「公共性」への問いが「物語」を通じて、それらの諸問題につながることを展望したところで、教育の「制度」と「語り直し」をめぐる本章での考察を、ひとまず締めくくることにしたい。

註

［1］A・ゲーレン（平野具男訳）『人間――その本性および自然界における位置』法政大学出版局、一九八五年。ゲーレンの制度論の教育学的意義については、次の論文で明晰に解説されている。宮嶋秀光「社会制度と人間形成――A・ゲーレン制度論の研究」『京都大学教育学部紀要』第三五号、一九八九年、一七七―一九八頁。

［2］「歴史の物語り論」と近年の歴史哲学の動向については、野家啓一「講義の七日間――歴史のナラトロジー」（『岩波　新・哲学講義8　歴史と終末論』岩波書店、一九九八年所収）、三―七六頁を参照。なお、本書での「物語」と「物語り」という表記の区別については、野家に従い、「始めと終わりをもった完結した構造体」を意味する名詞的概念の「物語」に対して、「物語るという行為の遂行的機能を際立たせる」時には「物語り」という動詞的概念を用いる。

［3］近代以後の日本の教育に関する通史的叙述として代表的かつ手頃なものとして、次の二冊を挙げておく。山住正己『日本教育小史――近・現代』岩波新書、一九八七年。尾崎ムゲン『日本の教育改革――産業化社会を育てた一三〇年』中公新書、一九九九年。もう一冊、戦後教育史としては、野原明『戦後教育五十年』丸善ライブラリー、一九九五年も挙げておく。「公正中立」を旨とする公共放送の元解説委員である著者の語り方と、上記二人の教育史学者のそれぞれの叙述とが、どの程度異なる（あるいはむしろ、異ならない）ものか、比較することにより、近代日本教育史におけるドミナントな「見立て」「筋立て」が浮き彫りになる。筆者の歴史叙述も、これらを含む多くの先達の仕事に依拠しつつ、それらをメタレベルでいったん相対化した上で語り直そうとする、一つのささやかな試みである。

［4］戦後教育学に対する最も明晰な批判的総括としては、今井康雄『メディアの教育学――「教育」の再定義のた

めに』東京大学出版会、二〇〇四年所収の論文「見失われた公共性を求めて――戦後教育学における議論」を参照されたい。
[5] この論調を主導したのが矢野智司の「発達／生成」論である。たとえば、矢野智司「生成と発達の場としての学校」(『岩波講座 現代の教育8 学校像の模索』岩波書店、一九九八年所収)、一〇〇―一二一頁。また、矢野智司『贈与と交換の教育学――漱石、賢治と純粋贈与のレッスン』東京大学出版会、二〇〇八年など。
[6] 前掲[4]今井論文参照。
[7] 教育学におけるポストモダニズムと近代教育批判については、本書の第8章であらためて論じている。また、この思潮を主導した教育思想史学会での議論は、『教育思想史コメンタール(近代教育フォーラム・別冊)』教育思想史学会、二〇一〇年において包括的なレビューが行なわれている。
[8] 「教育問題」から「教育という問題」へ、という語り方については、矢野智司「教育哲学の風景」『教育学研究』第七〇巻第二号、日本教育学会、二〇〇三年、二二四―二三〇頁を参照。
[9] 佐藤学「学校を問うパースペクティブ――学びの共同体へ」(『カリキュラムの批評――公共性の再構築へ』世織書房、一九九六年所収)、一一九―一四五頁。また、佐藤学『学校の挑戦――学びの共同体を創る』小学館、二〇〇六年など。
[10] 近年の新しい教育の「公共性」論については、本書の第3章で論じた。また、教育の公共性の「反基礎づけ主義」的基礎づけ、という概念については、次の拙論も参照されたい。西村拓生「教育的公共性における「美的なるもの」のアクチュアリティに関する覚書(1)」『奈良女子大学文学部研究年報』第四五号、二〇〇一年、七一―八九頁。
[11] 「物語る存在」としての人間という視点からの人間形成論の試みについては、次の書を参照。矢野智司・鳶野克己編『物語の臨界――「物語ること」の教育学』世織書房、二〇〇三年。
[12] 筆者は、美的教育論の思想史的研究と教育の「現実」との接点の一つを、ここに見いだしている。前者の現時点での総括については、次の拙論を参照していただけると幸いである。西村拓生「美と教育――シラー『美育書

簡』をめぐって」（皇紀夫編『「人間と教育」を語り直す——教育研究へのいざない』ミネルヴァ書房、二〇一二年所収）。また、その後の展開については、以下の論文も。西村拓生「あえてシュタイナーのシラー論を語ってみる——「美と教育」再論への一つの試み」『近代教育フォーラム』第二一号、教育思想史学会、二〇一二年、四五—六六頁。西村拓生「マルクス主義者のシラー論——水平軸と垂直軸の交点としての美的教育」（田中毎実編『教育人間学——臨床と超越』東京大学出版会、二〇一二年所収）。

III——「語り直し」としての教育哲学

第7章――歴史の物語り論と教育哲学

1　教育哲学と歴史研究の関係を考える

この章の論考は最初、『教育哲学研究』第一〇四号の特集「教育哲学と歴史」のために書かれたものである。その際の編集委員会からの発題は「教育哲学にとって、歴史はどのような意味をもつのか。また歴史研究は、教育哲学に対してどのような視点を提供し、いかなる役割を果たすのか」というものであった。筆者は大学院生の時代（一九八〇年代末から九〇年代初頭にかけて）に相次いで教育哲学会、教育史学会、そして教育思想史学会の前身、近代教育思想史研究会に入会して、今日まで三つの学会の会員であり続けている。ならば、これら三つのディシプリンの関係について問われた時、当然、何らかの答えを提示できそうなものであるが、実は明確な答えを見いだしかねて、ずっと落ち着かない思いをしていた、というのが正直なところであった。そこで筆者は、編集委員会からの発題を私自身への問いかけと受けとめ、それを契機に自ら省みつつ、学会における議論の手がかりとなりそうな材料を筆者のパースペクティブから提起してみようと考えた。

最初に、これまで教育史研究の意義について語られてきたいくつかの言説を通じて、筆者の問いの所在を示唆する。次いで、近年、思想史研究と教育現実の関係について問い直した教育思想史学会での議論を、ここでのテーマに即して再構成することを通じて、教育思想研究と教育思想「史」研究と教育現実との「つながり」に関する問いを提起する。その上で、「歴史の物語り論」と呼ばれる歴史哲学の動向について概観して、そこで得られた視点に基づき、教育哲学と歴史研究の関係について、あらためて考えてみたい。

2　教育史研究の意義に関するいくつかの言説

最初に、筆者がこれまで教育研究と歴史について考えた際に読んで記憶に残っているものを、いわば教育史研究の意義に関する言説のサンプルとして、いくつか挙げてみよう。

まず、石山脩平『西洋古代中世教育史』（一九五〇（昭和二五）年）。斯界の泰斗は、この古典的名著の冒頭で、「教育史を研究して何の役に立つのか」という問いに対して、「純粋史学的要求の満足」、「現代教育の理解と実践の指導」、「教育理論の建設」という三つの答えを示していた。すなわち、第一に「教育史は過去の教育事実および教育思想の真実相の認識を与えることにおいて純粋史学的価値を有する」。第二の答えは、さらに二つに分かれる。「現代教育の理解」とは、「現代の教育事実および教育思想」の由来を知ると同時に、それらが「歴史の全過程において、いかなる意義・役割を有するか」を知ること。もう一つは、過去との対比において現代の教育の「成り行きを予想」させたり、その意義を気づかせたりすること、そして「過去の偉大なる教育の実践家または教育思想家に学ぶ」こと。要するに、それらを通じて現代の教育実践に指針を与えること、である。そして第三は「教育の理念を明らかにし、完全なる教育の具備すべき諸契機」を明らかにすること。それによって、「教育理論の建設」に資する、というのである[1]。

いずれも、今日でも標準的な教科書の冒頭に書かれていそうな〈意義〉ではある。しかし、「過去の教育事実および教育思想の真実相の認識」、「歴史の全過程」における意義・役割、「偉大なる教育の実践家または教育思想家に学ぶ」、「教育の理念」等、今の筆者の視点からは、あらためてその真意や可能性を問うてみたい言葉が並んでいる。

続いて時代は下り、一九八四（昭和五九）年に出版された『講座　日本教育史』。「戦後の日本教育史研究の集大成」を目指したこの講座では、教育史研究の意義はどのように論じられていたか。第五巻『研究動向と問題点／方法と課題』冒頭の「総説」で、寺崎昌男は次のように述べていた。「教育の本質・構造・課題に関して、日本教育史研究者は専門性に支えられ、かつ自立した認識と思惟方法とをもたねばならない。（中略）勝田守一の表現に従えば、教育史研究を通じて教育概念を明らかにし、また教育概念を明らかにすることを通じて教育史研究を深める、という回路をつくりあげていく必要があろう。教育学的思惟と歴史学的思惟の緊張ある〝総合〟の課題こそ最も重要であろう[2]」。求められているのは「教育概念を明らかにすること」と「教育史研究」、「教育学的思惟」と「歴史学的思惟」との互恵的、相乗的な関係であり、両者の「緊張ある総合」である、と。同様の趣旨を、同じ巻の「教育学と教育史研究」の章で稲垣忠彦は、「教育史研究は、過去の教育事実の研究を通して、今日の教育への考察を行うものであり、過去の研究はまた、今日への省察によって深められる対話的な構造をもっている」と述べていた[3]。

研究者の〈現在〉と〈過去〉との対話というのは歴史研究論や歴史哲学において珍しい観念ではないが、

ここではとりわけ、その〈現在〉を規定するのが、「教育概念」を明らかにすべき「教育学的思惟」であるとされている。では、この「教育学的思惟」とは、それ自体、どこまで歴史的なものとして理解すべきだろうか。たとえば同巻の「教育史と教育思想史」を主題とした章で安川寿之輔は、勝田の教育的価値論は評価した上で、当時（一九五〇年代に明確に史的唯物論の立場を打ち出した海後勝雄、広岡亮蔵らの「教育史研究会」の影響力が低下した後）の教育史研究の状況（その代表格として安川が名指ししているのは長尾十三二、中内敏夫、佐藤秀夫である）に対して、彼らは勝田に影響を受けながらも、「教育に固有の論理を究明する」ことを標榜して、勝田が「教育の概念や価値が経済や政治の条件に規定されること」を強調したことを看過している、と批判している。[4]

いずれも勝田のテーゼを引き合いに出しながら、その理解の力点を「教育概念」や「教育学的思惟」に置く理解と、教育の政治的・経済的な被規定性に力点を置く理解との差異からは、この『講座』には、いわば「戦後教育学」のオーソドキシーと、より明確に史的唯物論を標榜する立場とが混在していることが窺われる。その関係はあらためて周到に検討されるべきだが、一九八〇年代末に、刊行から少し遅れてこの書を読んだ時の筆者にとっての問題は、それよりも教育史学会と教育哲学会との懸隔の大きさにあった。教育哲学会と「戦後教育学」との「距離」については『教育哲学研究』一〇〇号記念特別号で一度論じた（本書に第8章として収録してある）が、この当時の教育史学会の基調は教育哲学会に比べると遥かに「戦後教育学」、そして史的唯物論に近いものであったが故に、両者の懸隔も容易に埋め難いもののように、筆者には感じられていた。

三つ目は、二〇〇七（平成一九）年に教育史学会の創設五〇周年記念で出版された『教育史研究の最前線』。これは、一九七四~七八年に刊行された『世界教育史大系』全四〇巻（上述の寺﨑昌男は、それは「教育史像を国家の教育政策とこれに対する教育運動の両者のダイナミズムのもとにとらえる」という「教育史研究会」の基調に沿った共同作業であった、と総括している）と、上記『講座　日本教育史』という二つの大きな先行企画を承けて、「教育史研究の現段階をふまえることによって、今後の研究を展望する」ことを標榜する企画であった。特徴的なことに、この書に方法論に関する独立した章は無い。それに相当しそうな内容は、「はしがき」において以下のように述べられている。すなわち、上記の二つの先行企画は「学校教育と教育学に固有の課題をおいて」、「国家単位に教育の歴史を描」いていた。それには時代的な必然性があったが、「われわれの教育史研究は、今もこのシェーマの中で描けるであろうか。もちろん、否と言わざるを得ない」。必要なのは、「生涯教育や学校以外の教育を含めた、教育を見る視野の拡大」であり、「かつての文献（文字史料・資料）中心の実証主義や発展段階説に立つマルクス主義に代わって、社会史的方法とそれにもとづく新たな主題が大きな潮流を構成してきた」という歴史学の大きな変化を踏まえることである。また、グローバル化の進展は「一国に完結した歴史（教育史）像」を無効化すると同時に、「宗教、民族、文化葛藤、ジェンダー、人権、公共性、メディア、身体」といった研究主題を不可避にしている。従って、「教育的問題群を歴史の方法でとらえる教育史研究」が他の諸科学と相互に交流できることが「何よりも求められている」[5]と。

ここでもっぱら述べられているのは「視野の拡大」である。「実証主義やマルクス主義に代わる社会史的方法」には言及されているものの、それによる研究主題の拡張ということ以外に、その方法論的な意味は考察されてはいない。「はしがき」の最後では、「教育史研究がいかに教育研究に有効」であるかメッセージを発したい、とは述べられている。しかし、それがどのようにして「有効」であるのかは言及されていない。教育史研究の多様化と（おそらく）豊穣化の反面、その〈意義〉を一貫して弁証することが（上記二つの事例の時点に比べて）困難になっている状況が、そこには窺われる。

3　教育思想史学会での議論

さて、教育哲学会と教育史学会の懸隔に戸惑っていた当時、筆者が出会ったのが、一九九一年に発足した近代教育思想史研究会であった。この研究会―学会と教育哲学会との関係は、いわば知識社会学的な視点からも興味深いものであり、いずれ丁寧な思想史的検討が行なわれるべきであると考えるが、本章の文脈で注目すべきは、それが教育哲学会と教育史学会との間に立ち上がったという事実である。実際、当初の会員構成は教育哲学に軸足を置く者と教育史に軸足を置くものが半々という印象であった。後述するシンポジウムへのコメント論文で松浦良充は、研究会立ち上げ当時の状況を次のように回顧している。「歴史的な文脈や課題に関する意識が薄い（と思われた）教育哲学会の議論にも、またナイーブな実在論を前提とする史料至上主義に陥っている（と思われた）教育史学会の議論にもなじめずにいた」。この述懐は、筆者が感じていた両学会の懸隔と重なり合う。――それでは、教育思想史学会の研究活動は、その懸隔を架橋し得たであろうか。

一九九〇年代、この研究会―学会には、他の隣接諸学会からも一目置かれる存在感があった、と言われる。[6] 会員数も増加して行った。しかし、この成功や発展は、それが内包していた原理的・方法論的なアポリアを顕在化させたようにも思われる。増加した会員の多くは教育哲学会と重複していた反面、教育史に軸足を置く会員は次第に減少して行った。この学会での議論は教育哲学会に対して影響力を増して行った（このことについては、本書の第8章で、ポストモダニズムの受容という観点から考察している）が、二つの学会の境界があいまいになったため、皮肉なことにむしろ自らの固有の存在意義が問われる事態にもなった。さらに、一時期の「成功」体験は、その後の学会の議論の「教育現実からの遊離」[7]を際立たせることにもなった。

そのような状況を受けて、二〇〇八年の大会で教育思想史学会は、自らの活動の「中間総括」を志向したシンポジウムを行なった。この学会の慣例で、シンポジウムでの報告者の論文は、司会者および他の会員のコメント論文と共に学会紀要に掲載されている。ここでは、そこから教育哲学と歴史研究というテーマに関わる議論を、筆者の問題意識に基づいて再構成してみたい。〈他学会〉の議論を敢えて詳細に取り上げたのは、そこに今日、私たちがこのテーマに向き合うための重要な手がかりが示されていると考えたからである。シンポジウムの報告者は原聡介、今井康雄、広田照幸、山内紀幸、司会者は松浦良充、コメント論文執筆者は矢野智司、西村拓生、川瀬邦臣、上原秀一、藤井佳代（掲載順）であった。教育社会学の広田以外は教育思想史学会の会員であると同時に、二〇〇八年の学会名簿で確認する限り、いずれも教育哲学会の会員でもある。また、今井、広田、松浦、西村、川瀬は同年の名簿では教育史学会の会員でもある。

(二)「真理探求のための思想研究／歴史的与件としての教育思想」

近代教育思想史研究会創設の中心人物の一人であった原は、当初から一貫して教育哲学会と教育思想史学会との差異を強調してきたが、ここでもその主張が明確に表明されている。原によれば、教育哲学会は歴史的に、そして現状でも依然、「思想研究学会」である。[8] 日本の近代教育学が西洋の過去の教育学から多くを学びとって成長してきたことは確かであり、そのことは否定的に評価すべきでもない。その際、「過去の教育思想の研究とは、……真理、あるいは真理なるものを手に入れようとする作業」である。しかし、そのような「真理探求のための思想研究」には困難な問題が突きつけられる、と原は指摘する。それは「取り出された言説の内容が真理（的なるもの）であると認定する根拠は何か、という問題」である。「思想史研究者は、それを真理と認定する機能をどこから手に入れたのか」。この問いに対して原は、それは結局「研究者の主観にゆだねることになる」、「一種の信念に求めるしかない」と述べる。このような「願いの学問としての教育学」は、倫理学や政治学に似た「科学的脆弱性」をもつ、と原は指摘する。[9]

それに対して原は、もう一つの思想研究のあり方を対置する。それは、「願いの言説として、むしろ主観的性質をもつ」過去の教育思想に対して、「なぜそう願ったのか、という問いをもって、思想家の主観に接近」することである。曰く、「思想には、思想家がその主観的対象とする事象（思想対象）、つまり、思想家が生きている時代状況の中で解決すべき、あるいは対決すべき問題として対象化した事象があるはずだ。思想の課題といってもよい。その思想課題のうち、今日の教育的思惟の歴史的構造の因子となるべきものを拾い上げ、再構成していくところに教育思想史の意味がある」。[10] このとき過去の教育思想は、教育に関する「真理（的なるもの）」を指し示すものではなく、今日の状況を歴史的に分析する――いつから、どのような経緯でそうなってきたのかを明らかにする――ための「歴史的与件」である。教育思想「史」研究の目的は、そのような意味で「今日の教育現実を支える教育的思惟の歴史的構造を解明」することである。

さしあたり、このような教育思想研究と教育思想「史」研究との二項対立的な対置は、教育哲学と歴史研究の関係を考える際の、一つの明快な参照項となるだろう。さて、原の議論は、この対置の図式から「近代問題」[11]へと焦点化される構図となっている。曰く、「言うまでもないが、ここには今日の教育現実が難ずべき問題を抱えており、批判を必要とする事態があるという前提がある」。それに対して応答することは学問の責任ではある。しかし、それは「尋常の勝負では答えがない」。「答えを出せないから、回り道をするために」歴史的批判が必要になる、というのである[12]。原が例に挙げているのは、たとえば個性教育という概念から主体性の契機が消え、もっぱら差異概念になっている状況であり、方法主義が優位になり、何を教えるのかを考える教育的文化論が失われている状況である。これらはいずれも「近代が近代自体の中に抱えている矛盾」であり、それゆえ近代の枠組みでは解決し得ない、手ごわい矛盾である。また、「社会主義の失敗を経た歴史的現実の中で」それに対するオルタナティブを構想することは容易ではない。だとすれば、「せめて今」その近代に内在する矛盾が今日の教育現実の中に現われている様子を明らかにすることが求められている、というのが原のスタンスである。

「願い」としての教育思想研究＝教育哲学に「迂回路」としての教育思想「史」研究を対置する原の議論は、一見きわめてクールである。じっさい教育思想史学会に対しては、原は「教育現実コンプレックスからの解放」を求め、敢えて対案を提起しない「万年野党」、「批判だけのいやがられる集団」でよい、と言い切っている。教育思想「史」研究の存在意義に関する一つの明快な立場である。しかし、その禁欲的な割り切りの根底には「今日の教育現実」に対する強い実践的関心があることも明らかである。そして、教育思想「史」の禁欲の分だけ、教育哲学にはよりポジティブに実践的な応答責任が求められる、ということにはならないだろうか。だとしたら、いったん二項対立的に対置された教育思想研究と教育思想「史」研究との関係が、あらためて問われなければならなくなるはずである。

（二）思想研究と教育実践との「距離」と「架橋」

この問題に対して独自の明快な見通しを提起していたのが今井の報告である。原と同様、近代教育思想史研究会―教育思想史学会を主導してきた今井であるが、ここでは同研究会―学会のモチーフ（と今井が理解するもの）と自らが教育思想史研究に向かうモチーフとの間の微妙なズレを確認しつつ、まず前者について次のように総括している。曰く、この研究会―学会が標榜していた「思想運動」とは「現代の教育問題と歴史的な思想研究をリンクさせることを意味する」。そして、近代教育学批判・近代教育思想批判は、そのリンクのための「結節点」をなしていた、と[13]。原が言明していたような「現代の教育問題」への実践的関心が確認され、また同じく近代批判の契機が確認される。しかし、その位置づけは原と微妙に異なっている。原においては「近代」が今日の教育問題の根源として必然的に検討されるべき主題であるのに対して、今井においては必ずしもそうではない。近代教育学批判が「結節点」として機能したのは、この「思想運動」の背後にあった状況の故である、と見られているのである。これは、どういうことか。

原と同様の口吻で今井もまた、従来の教育学は「実践の課題に応える」という美名の下、「現場の言ってほしいこと」を言う「ご都合主義」に陥っていたと指摘する。ここで今井が批判している従来の教育学とは、戦後教育学と距離を置いてきた教育哲学会ではなく、「「近代教育原則」（堀尾輝久）に正当化の基盤を見いだす戦後教育学」の方である。「一九七〇年代後半以降、戦後教育のシステムとそれを支える戦後教育学の枠組みの限界が強く意識されるようにな」った（というのが、かねてからの今井の認識である）状況で、そのシステムを変革して行くためには、教育学研究と「実践との馴れ合い的な癒着を断」つことが必要であった。近代批判はそのための恰好の契機であった、というのが今井の見立てである。曰く、「近代批判というモチーフは、現代との規範的結合を解除することで、教育思想のテキストをそれ自身の歴史的・社会的・文化的文脈において解釈する方向へと、教育思想研究を向かわせることになった[14]」。

このように思想研究と実践との「距離」を重視しつつ今井は、他方で教育学研究は、その歴史的成り立ちからして、「実践の課題に応える」という使命を放棄するわけにはいかず、「history of ideas の一分野として自己規定」して事足れりとするわけにはいかない、とも述べる。そして近代批判は、教育思想研究が「教育実践の課題へと帰還する道も用意していた」と。曰く、「現代の教育問題の根源を西欧近代の教育思想に探るというネガティブな形ではあれ、近代批判は過去の教育思想と教育の現実とを結びつける回路を作っている[15]」。従って、近代教育学批判を旨とする教育思想「史」研究は、教育思想研究と実践との適切な「距離を保つ」と同時に、両者をいわば「架橋」することを可能にした、というのである。

しかし、この「距離」と「架橋」は、教育思想史研究の一般的な可能性ではなく、状況のもたらした偶有的なものに過ぎなかったのではないか、という疑問を筆者は懐く。——その疑問を裏付けているのが広田照幸の議論である。広田は、教育思想史学会の標榜した近代教育学批判が当時、アクチュアルであった事情を次のように指摘する。一つは、「近代の終焉」という感覚、あるいは「近代」を反省作用の対象にしようとする志向性が知的世界で盛り上がっていたこと。もう一つは、冷戦が終結し、それを背景にした戦後教育学の「運動論的理論構成」がもはや正当性を感じられなくなっていたこと[16]。さらに、その当時「教育問題」と目されていたのは校内暴力やいじめ、体罰や校則といった学校問題や青少年問題であった。それらは、戦後教育学の「教育行政対教育運動」という図式とは無関係な日常レベルで生起するものだったので「国民の教育権」論などでは説明できず、息苦しい学校空間を「近代が作り出した装置」として、理不尽な教師や学校を「近代固有の権力としての教育」として把握する近代教育学批判によってこそ解明され、解決の糸口が与えられそうな期待を懐かせたのである、と。ところが、教育問題の根源を「近代」に帰着させ、ミクロで対面的な教育関係の権力性を批判している間に、状況は、その教育関係を成り立たせる政治や経済の枠組みに関する、狭義の教育思想とは無縁の思想が教育のあり方を左右するように変化している。教育思想史学会での議論はもはや、そこに届いていない、というのが広田の指摘であった[17]。

既に今井自身は、この「思想運動」の背後にあった「状況」に対して充分に自覚的であったように思われる。そして、その状況下では近代批判という契機が思想研究と現代の教育問題とを「リンク」させ得たことを評価しつつも、自らの関心はむしろ「近代」よりも「現代」にある、と述べる。その関心の根底にあるのは、「教育」という営みが原理的には非常に脆弱で不確かであるにもかかわらず、なぜ堅固な制度的・観念的な信憑性をもつのか、という問いである、という。この不可思議な教育の信憑性を支えているのは、教育についての「自明性の地平」であり、それを作り出しているのが教育思想である、と今井は主張する。そして、その自明性を対象化するためには、通常は自然と感じられるこの教育の「肌理と構造」

になじめなかった思想家の思想を追体験する必要があった。この意味で、自らの教育思想の地平を異化し対象化するために教育思想史は有効である、というのが、今井自身の教育思想史研究のモチーフである[18]。

(三) 思想「史」研究の必然性？

この今井の構想に対しては、コメント論文で矢野智司が共感を表明している。矢野は、原の構想では「教育現実と緊張感を持つ教育思想研究の次元はもはや問う必要のない事項（すでに完成された歴史的テキスト）として括弧に入れ」られているのに対して、今井の場合は「教育思想史研究が実は教育思想研究の一環としてあったこと、したがって教育思想史研究には教育現実（教育実践・教育問題）との通路が確保できていた」として、両者の差異を強調する。その上で原に対しては、かつては「近代批判」が思想史研究と教育現実とをつなぐ契機であり得たとしても、「今日、教育現実とのつながりにおいて「近代批判」はそのような研究戦略上の意味を持っているのだろうか」と疑義を呈している。そして矢野自身は自らのスタンスを、「「近代批判」が教育現実とのつながりを失いつつある今こそ、私たちが向かい合うべき教育現実が何であるかを明らかにする必要があり、教育思想史研究はこれまで以上に教育思想研究―教育現実とのつながりを必要としている」と表明している[19]。

教育思想「史」研究と教育現実とのつながりをこそ考えるべきである、という指摘は本章の問題意識と全く重なり合う。ただし、ここでの矢野の議論は、今井が同研究会―学会のモチーフと自らの思想史研究のモチーフとを敢えて区別していることを重視してはいない。それに対して、その点に着目しているのが松浦良充の司会論文である。松浦は次のような問いを今井に投げかけている。「思想運動は、教育問題

(の思想史的解明)から出発して、近代批判という武器によって、教育学の再構築へと向かう。しかし今井氏にとって、近代批判は、必ずしも思想運動や教育思想(史)研究の固定化された武器ではなさそうである」。広田の指摘するような状況の変化が「近代批判という武器」の効力を失わせたならば、今井にとってはそれを維持する必然性はない。そして「近代批判を放棄するとなると、今井氏の教育思想(の異化のための)研究は、かならずしも歴史研究を要請しないようにも思える」。そのとき、教育思想「史」研究と教育哲学との差異はどこにあるのか、と。[20]

この松浦の問いに対して、おそらく最もラディカルな答えを示す結果になっていたのが、もう一人の報告者、山内紀幸であった。学会紀要の中からこの学会のあり方に関する発言を丹念に拾い出して分析した山内の報告は、同研究会が当初、目的として掲げた近代教育学批判の達成度については、かなり控えめな評価をしつつ、学会の成果を、教育現場や教育政策における定型化した不毛な言説に対抗して、それを批判的に組み換える「新しい語りの創造」を可能にした点に見いだしていた。「既存の教育言説あるいは教育現実に対し、どのような「新しい語りの創造」ができるかが、この学会の生命線である」というのが山内の立場である。[21]これに対しては、それは「思想史への決別」を意味するのか、という問いが示され、[22]また、それは同学会の活動が哲学的・思想的研究に偏りすぎて「歴史的研究を希薄化させてきた」ことへの無自覚の現われである、という批判や、[23]「教育思想史なき教育思想史学会」を帰結するのではないか、という疑義が出されていた。[24]いずれも教育思想「史」学会のあり方を考える上では避けられない問いである。

しかし本章の文脈では、山内の立場は、矢野が強調していたような思想「史」研究と教育思想研究および教育現実との「つながり」を考える際に、一つの重要な可能性を指し示していると考えられる。ポイントは「語り（narrative）」への着目である。

（四）「語り」による〈教育現実〉の構成という視点

松浦は司会論文の中で、「私たちはある重要な検討課題を放置したままでいる」と述べていた。それは「「思想」のはたらきについて、である。いまの教育の現実や問題を、ほんとうに教育的思惟や思想がつくりあげてきたのだろうか」という問いである。これは、教育思想「史」研究と教育現実との「つながり」を考える上で大前提となる根本的・原理的な問いである。松浦はまた、シンポジウム当日の質疑で田中毎実が提起した次のような問いに、あらためて注意を促していた。それは「「教育」の「現実」や「問題」をつくっていることばをどのように捉えるのか」という問いである。[25]——「ことば」や「思想」と「教育現実」との関係。

筆者もまた、コメント論文において「思想は〈教育現実〉を作るか？」という問いを敢えて提起して、次のように述べた。山内や筆者のようにポストモダニズムの影響下で育ってきた世代の研究者には、思想や言葉と現実との関係について、「教育を〈語る〉ことと教育の〈現実〉とはそもそも相即不可分である、という共通理解」が醸成されているのではないか。そして、「教育の〈現実〉を作り出しているのは畢竟〈言葉〉（＝「思想」）である」とするならば、教育思想史研究には、「そのように作り出されている〈現実〉の自明性を異化し、更新する営み」としての意義があるのではないか、と。それは、教育思想史研究と教育現実との「つながり」の一つの可能性である。このことをポジティブに言い直すならば、「私たちが教育という営みを「語る」こと、「語り直す」こと、そして（大学教員や研究者として）学生や教師に「語り直し」を促すことが、結局のところ〈教育現実〉を構成・再構成して行くことになる」[26]。教育思想史研究は、その「語り直し」の拠り所となることによって教育現実と「つながる」であろう、ということである。

ナラティブの意味での「語り」ないし「物語り」に着目した教育哲学研究の試みは、矢野智司・鳶野克己編『物語の臨界――「物語ること」の教育学』や皇紀夫による解釈学的な臨床教育学、教育哲学のアイデンティティに関する田中毎実の議論などに見ることができる。ここでの「語り」や「ことば」や「思想」と〈教育現実〉との関係の見立ても、その線に沿ったものである。教育哲学の構想としてのその可能性や射程については、あらためての議論の機会を待ちたいが、本章の文脈で考えるべきは、ナラティブへの着目と歴史研究との関係である。

物語り論や構成主義[27]への着目が、教育思想と教育現実との関係について、一つの一貫した見通しを与えてくれる、と筆者は考えている。（それについては、さしあたり本書の第4章、第5章を参照していただければ幸いである。）しかし、そこでの「思想」の機能が自明性の異化の契機であれ、新たな語りの拠り所であれ、その際に「思想」の歴史性は必ずしも問われる必要はない。コメニウスであれルソーであれ、ベンヤミンであれ宮沢賢治であれ、異化の契機となり、新たな語りをもたらすものであれば、その機能においては等価である。要するに必要なのは思想研究であって、必ずしも思想「史」研究ではない、ということにならないだろうか。「それは必ずしも歴史研究を要請しないのではないか」という松浦の今井に向けられた問いかけは、筆者の立場にもまた向けられている、と受けとめるべきであろう。

では、とりわけ歴史研究が求められる理由というのがあるとしたら、それは何か。仮に史的唯物論の立場に立つならば、答えは明快であろう。（きわめて単純化して言うならば）歴史もまた（あるいは歴史こそ）科学であると考えられる故に、歴史研究で得られた知見は科学的真理としての意義をもつからである。そして、上部構造としての「思想」とそれを規定する土台との関係が、歴史研究によって科学的に解明されると期待されるからである。しかし、歴史はそのような意味で「科学」だろうか。――この問いが一九世紀以来、繰り返し問われてきたことは周知の通りである。[28] それに対して近年、「物語り（narrative）」という概念で歴史を規定する、いわゆる「歴史の物語り論」が歴史哲学の大きな流れとなっている。この立場から見た時、教育哲学と歴史研究とは、如何なる関係にあると考えられるだろうか。

以下では、近年の歴史哲学の動向を一瞥して、物語り論のアクチュアリティを再確認すると同時に、この歴史の物語り論に対する批判を併せて検討して、ナラティブ・アプローチのアポリアを見てみたい。そして最後に、それらを踏まえて、教育哲学と歴史研究の関係について、あらためて考えてみることにしよう。

4 歴史の物語り論

「言語論的転回 linguistic turn」以降の社会科学はどれも、「客観的事実」とは何だろうか、という深刻な認識論的疑いから出発している。歴史学も例外ではない。歴史の「事実 fact」も「真実 truth」もない、ただ特定の視角からの問題化による再構成された「現実 reality」だけがある、という見方は、社会科学のなかではひとつの「共有の知」とされてきた。社会学にとってはもはや「常識」となっている社会構築主義（構成主義）social constructionism とも呼ばれるこの見方は、歴史学についてもあてはまる。[29]（上野千鶴子）

人間の視点はいかに上空に飛翔しようとも、歴史の外部に立つことはできないのです。（中略）歴史は常に有限のパースペクティブをもった一定の視点からしか語り得ないものです。ただ、重要なことは、いかなる視点に立ってどのようなパースペクティブから語っているか、その歪みや先入見に自覚的であることです。（中略）この視点拘束性の自覚を深化させるものこそ「歴史の物語り論」の立場なのです。[30]（野家啓一）

(二) 野家啓一の「歴史の物語り論」

卑見によれば、今日の日本で歴史の基礎理論を考える際に「歴史の物語り論」が看過できない流れになっているのには二つの契機があった。一つは、分析哲学的な科学哲学から歴史哲学に接近した野家啓一の仕事。もう一つは、女性学・ジェンダー論における社会構築主義の戦略的重視である。

一九九八年に出版された岩波書店の『新・哲学講義』というシリーズの第八巻『歴史と終末論』の責任編集を務め、冒頭の「講義の七日間——歴史のナラトロジー」の部分を執筆しているのが野家啓一である。（岩波書店の講座本の中でのこの扱いに、歴史の物語り論が今日、歴史哲学におけるいわばスタンダードの位置を獲得していることが窺われる。）以下、まず野家の議論を簡単に紹介しておこう。

野家は自らの「歴史の物語り論（ナラトロジー）」を、二〇世紀の哲学に生じた言語論的転回の帰結を積極的に引き受け、歴史における「素朴実証主義」や「素朴実在論」の考えを批判的に克服することを目指すものである、と規定する。それは、歴史的出来事が歴史記述に先立って存在するのではなく、両者は「パラドキシカルな循環関係」において不可分であると考える立場である。たしかに、歴史的出来事は歴史記述に存在論的に先行する。しかし他方で、歴史的出来事の存在は「探求」の手続き、すなわち歴史記述を離れては確認することができない。その観点からは、歴史記述は歴史的出来事に認識論的に先行する。「この存在論的先行性と認識論的先行性の間にある循環構造こそ、歴史認識を根底において特徴づけている」[31]。要するに、歴史とは「われわれの言語活動から独立に客観的に実在する実体的なものではなく、それを語る言語的制作（ポイエーシス）の行為と不可分」である[32]。

そして、この歴史記述のあり方を規定しているのが、出来事を、始め、中間、終りという筋立てで語る「物語り行為」である。「ある出来事は単独で歴史的意味をもつことができません。それはその後に起こった別の出来事と関連づけられてはじめて「意味」を獲得します。その関連づけの時間的コンテクストを用意するものこそ「物語り行為」にほかなりません[33]」。

このように「物語り行為」によって「構成」された歴史的事実とは、一種の「理論的存在」である、とされる。その真理性は「事実との一致」によっては検証できない。「真理の対応説」は成り立たない。そもそも対応すべき「事実」はもはや過ぎ去って存在しないからである。「歴史的真理」にふさわしいのは「合理的受容可能性」という基準である。そのための要件は「現在への接続」と「他者の証言との一致」と「物的証拠」の三つである。「タイムマシーンが使えない歴史家が行っているのは、手に入る限りの歴史史料や発掘資料を「過去の痕跡」として読み解き、それらを整合的に組み合わせて合理的推論を積み重ねながら、受容可能な「物語り」を記述するという作業[34]」である。

この「合理的受容可能性」について野家は、後に中村雄二郎との対論で、公共性に引きつけて説明して、次のように述べている。「私は歴史の客観性の意味を、パトナムの言葉を借りて、公共的討議を通じて形成された物語りの「合理的受容可能性」という次元に見定めたいと考えています[35]」。「私は「歴史」をそのような公共的空間として、つまり「物語り行為」によって絶えず生成され、維持されている制度的空間として捉え直したいと考えています[36]」。それが「インターパーソナル」ないし「パブリック」なものであるが故に、歴史記述は構造的に政治性を帯びている。「一見すると、歴史家が行う歴史記述は、客観的な「事実確認」を目的とする発語行為のように思われます。(中略)しかし、歴史家はそれと同時に、明示的にではありませんが、常に「記憶せよ!」という発語内行為を遂行しています。(中略)歴史記述は否応なく「誰が誰に向かって語るのか」という民族、人種、階級、性別、世代などの差異を含み込んだ政治性を帯びざるを得ません[37]」。

野家の議論は、歴史哲学に関する最初の著作『物語の哲学』(一九九六)以降、次第にこの歴史記述の政治性を強く意識したものになってきている。それは、歴史教科書の中の「従軍慰安婦」の記述をめぐる論争における、いわゆる「自由主義史観」の「国民の物語」論との差異を明確にする必要があったからである。野家は、歴史の物語り論は「「唯一の正しい歴史」といった観念を破砕するアンチテーゼ」、「「国民の物語」といった統合的表象を解体するための批判的概念装置[38]」であることを強調しているが、後述するように、この論争の文脈で厳しい批判にも遭遇している。そのことを見る前に、この論争に直接コミットしていた、もう一つの立場を一瞥しておきたい。

（二）ジェンダー論と社会構築主義

構築主義ないし構成主義が社会科学の「共有の知」となっているにしても、それを最も戦略的に重視したディシプリンは女性学・ジェンダー論である。それは、性別や性差や性役割が「人間を分け隔てる本質として自然なる身体そのもののうちに書き込まれてある」という本質主義を徹底的に批判するためである。[39]「ジェンダーの構築主義は本質主義の政治性を暴くためにこそ、存在しているといってよい」[40]。『構築主義とは何か』という論集が上野千鶴子によって編まれているのは偶然ではない。

当然ながら、この立場は「従軍慰安婦」をめぐる論争に積極的にコミットすることになる。その代表的論者が上野であった。上野は「自由主義史観」を批判すると同時に、それに対する反論もまた、しばしばジェンダー史への挑戦となっていることに危機感を覚えている。それは、どういうことか。次のように述べられている。「良心的な歴史家からの「自由主義史観」に対する対抗言説は、「歴史の真実を歪めるな」「歴史の偽造を許すな」というものである。そこに歴史的事実というものが誰が見ても寸分違わない姿で、客観的実在として存在しているかのような史観がここにはある」。しかし、「その見方の背後で、「真理」に奉仕する学問の「客観性・中立性」の神話が、無傷で保存されるとすれば、その危険もまた指摘しておかねばならない」[41]。要するに、客観性・中立性、そして実証性の名において「弱者」の語りを無視し、抑圧してきた「正史」に対する批判である。

この批判は上野において、以下のようなラディカルなかたちをとる。「「慰安婦」との「交情」をなつかしげに語る元日本兵にとっての「現実」と、「慰安婦」経験を恐怖と抑圧として語る被害者の女性にとっての「現実」とのあいだには、埋めがたい落差がある。（中略）「さまざまな歴史」を認めるということは、あれこれの解釈パラダイムのなかから、ただひとつの「真実」を選ぶということを意味しない。歴史が、自分の目に見えるものとはまったく違う姿をとりうる可能性を認める、ということだ。（中略）ここではただひとつの「正史」という考えが放棄されなければならない[42]」。「ふたつの「現実」の間の落差がどれほど大きくても、どちらか一方が正しく、他方がまちがっている、というわけではない。ただし権力関係が非対称なところでは、強者の「現実」が支配的な現実となって、少数者に「状況の定義」を強制する。それに逆らって支配的な現実を覆すような「もうひとつの現実」を生み出すのは、弱者にとってそれ自体が闘いであり、支配的な現実によって否認された自己をとり戻す実践である[43]」。

このような上野の徹底した構築主義的スタンスは、歴史学のオーソドキシーからは反発以前の困惑をもって迎えられた[44]と同時に、同じく「自由主義史観」を激しく批判する立場の高橋哲哉から、前述の野家と共に批判されることになった。

(三) 高橋哲哉の物語り論批判

「自由主義史観」のような「歴史修正主義者」に対する高橋哲哉の批判は、まずは「民族」や「国民」を実体視する本質主義に対して向けられていた。しかし、彼の批判は次第に修正主義を批判する側の物語り論や構成主義に向けられるようになった。二〇〇一年に出された『歴史／修正主義[45]』では、理論的水準においては、むしろそちらの方が重要な仕事である、と考えられているようである。それは「《構成主義以後》の記憶の抗争」と呼ぶべき事態である、という[46]。

まず、野家に対する高橋の批判の要点は、「「多元的」な物語の間に対立や抗争が生じたとき、ある物語を採って他の物語を斥ける根拠は、どこから出てくるのか?」というものである。高橋は、野家が「歴史的真理」の基準とする「合理的受容可能性」では「国民の物語」を斥けることができない、と述べる。野家の立場は、原理的にはナショナリズムの物語と両立可能であるが故に、それに対する批判にはなり得ていない、というのである。曰く、「「歴史は物語である」というだけでは済まず、物語の具体的内容に入って、それが、どのように、「排除と選別の暴力」を行使しているのかを明らかにする必要がある。そして同時に、「排除と選別の暴力」を批判する「政治的」ないし「倫理的」な判断にコミットする必要がある」[47]と。

さらに高橋は、「一種のメタ物語としての「物語の哲学」自身の「物語」性」を指摘する。歴史記述の政治性やイデオロギー性を暴露する野家の物語り論は、「自由主義史観」を批判する側が、それと同様の「倫理的」歴史観を掲げているかのような印象をつくり出すことによって、現在の論争状況の中で「一定の「政治的」効果」を果たしている。その意味で、野家の物語り論そのものが、特定の政治性・倫理性・イデオロギー性を帯びざるを得ない、と[48]。

高橋の批判は、上野千鶴子のラディカルな構築主義にも向けられる。高橋は先に引用した上野の「ふたつの「現実」」をめぐる発言に対して、それでは上野の「多元的」歴史観は「国民の物語」をも「さまざまな歴史」の一つとして認めるのか、上野の立場は、ふたつの「現実」が単に共存しているのではなく、激しい抗争関係にあることを看過しているのではないか、と問うている。「上野の考えに従えば、一般に、「事実」に関して対立・抗争しあう複数の物語、複数の「現実」があったとき、いかなる正当/不当の判断もできなくなってしまうのではないか?」[49]と。

実際には上野は、高橋と共に「ふたつの「現実」」の一方の側に立ち、「もうひとつの歴史」を語る実践にコミットしている。にもかかわらず高橋は、上野が「ふたつの「現実」」の認識論的な等価性を承認し、その上で、「支配的な現実」に対する「弱者」の語り直しの「闘争」という「政治的」な実践として問題を定位することを是としない。もとより、野家の「合理的受容可能性」のような基準も高橋には不充分である。高橋が求めているのは、合理的な判断でもなければ政治的な判断でもなく、歴史記述の正当/不当を「倫理的」に裁定する審級である。端的に言うならば、語られたものとしての「歴史」の外部――あるいは、外部ならざる外部――からそれを裁く「正義」である。もちろん高橋は、自らの「正義」をナイーブに特権化するわけではない。どんな「正義」の主張も誤り得ることを認めた上で、その不当性の主張が可能であるためには、「その批判の「正しさ」にコミットしていなければならない」というのである。このような高橋の立場の根底にあるのは、彼自身のデリダ解釈である。曰く、「デリダであれば、あらゆる「法」は「脱構築可能」であるが、「法」の「脱構築」そのものを動機づける「正義」は「脱構築不可能」だ、と言うであろう[50]」。

5　歴史の物語り論からの問い

さて、以上、瞥見したような歴史の物語り論とそれをめぐる論争は、教育哲学のあり方を考える際にも看過できないものであるように思われる。それらを見た後で、本章で問題としていた教育哲学と教育史の懸隔や、教育思想史研究と教育思想研究と教育現実との「つながり」については、どのように考えることができるだろうか。

物語り論に従って、全ての教育史は「物語り」である、と考えるならば、教育哲学と教育史の差異の根底に、むしろ原理的な共通性を見ることが可能になる。教育哲学の方法論が思想内在的な分析や思弁であるのに対して、教育史の方法論は実証である、というのが素朴な通念的区別であろう。しかし、野家啓一が言うように、研究資料を読み解き、それらを整合的に組み合わせて合理的推論を重ねながら、受容可能な「物語り」を記述する、という営みが歴史研究の根底であるとするならば、それは教育哲学・教育思想研究にも、そのまま該当する。その「物語り」の「合理的受容可能性」が公共的な討議を通じて形成される、というのも同じである。また、教育史が「史」である所以と通常思われている「過去」という対象も、それが歴史記述から独立して実在し得ない「理論的存在」である限り、教育哲学が対象とする「思想」と、存在論的な地位には違いがない。

急いで付け加えると、このように見ることは、二つのディシプリンがそれぞれ培ってきた方法論的伝統を軽視することではない。しばしば職人技のように継承されてきた、繊細なテクストの読解・解釈の技法や、徹頭徹尾、史料に基づく論証（それが歴史家の言う「実証」の内実であろう）へのこだわりこそが、それぞれのディシプリンにおける「合理的受容可能性」の根拠に他ならない。それを軽視すべきでは、もちろん、ない。

そのことを確認した上で、では、教育史研究ないし教育思想史研究を「物語り」行為と理解した時、それと教育現実との「つながり」は、どのように考えられるだろうか。ポイントは二つあるように思われる。一つは、野家が指摘しているように、歴史記述は「記憶せよ！」という発語内行為の遂行であり、それは否応なしに「誰が誰に向かって語るのか」という政治性を帯びる、という視点である。「客観性」や「実証性」を旨とする歴史研究も、ある対象をある仕方で語ることで、教育現実を構成する誰かに対して、ある「正しさ」を提起することになる。研究者の意図が「批判」や「異化」であったとしても、その語りはある教育現実を「批判されるべきもの」「異化されるべきもの」として構成することになる。それが歴史研究と教育現実との必然的な「つながり」方であろう。そのような意味で、あらゆる教育史は「政治的」である（同じ意味で、あらゆる教育哲学も「政治的」である）と見ることを、歴史の物語り論は、あらためて促している。もちろん、ここで言う「政治」とは、かつてしばしば、「教育」の外部にあって「教育の理念」を歪めるものと想定されていたそれとは異なる。それは、「真理」であれ「事実」であれ、特権的な「物語り」は存在せず、その「正しさ」は公共的な実践に委ねられている、という意味での「政治」である。

今、特権的な「物語り」は存在しない、と述べた。しかし、だからといって、あらゆる「物語り」が等価ではないのではないか、という問いが第二のポイントである。高橋哲哉は、物語りの認識論的な「多元性」を主張する野家や上野の議論に対して、それでは政治的な抗争において対立する物語りの「正当／不当の判断」ができないのではないか、と批判して、敢えて「正義」という倫理的な審級を提起していた。この論争は、教育をめぐる「物語り」行為にとっても他人事ではない。教育研究者が、教育史や教育哲学の研究成果——ある「物語り」、あるいはいくつかの「物語り」——を携えて、教育現実の「語り直し」実践の現場へと赴くとしよう。そのとき研究者の語りは、これまで見てきた物語り論の前提からして、それが「学」であるが故に特権性をもつとは考えられない。だとしたら、研究者の語りも含めて、全ては上述の意味での「政治」に開かれている、と考えるべきだろうか。それとも、教育学の研究者として譲ることのできない、教育に固有の「正当／不当の判断」というのがあり得るだろうか。教育現実を構成している複数の「物語り」のうちで、ある「物語り」が他のものよりも「正当」であると判断する根拠は、あくまで状況内在的・政治的なものであろうか。それとも、高橋の言う「正義」に類する審級が教育学にはあるだろうか。（かつて求められていた「教育学的思惟」や「教育概念」というのも、あらためてこの問題に関するものとして問い直すことができるだろう。）

さしあたり筆者自身は、教育と呼ばれる営みにおける関係の非対称性、代理表象の不可避性、世代継承の実存的な切実性、といった契機が、そのことに充分に自覚的な、固有の語り方を求めているのではないか、という見通しを懐いているが、それについては、いずれあらためて考えたいと願っている。これらは、教育史研究や教育思想研究と教育現実との「つながり」を考える時に避けて通ることのできない問いであり、おそらく形を変えて繰り返し問われてきた問いである。ここでは、歴史の物語り論が示している「言語論的転回」以後の学問状況において、その問いを語り直して提起したところで、ひとまず本章を閉じることにしたい。

註

［1］石山脩平『西洋古代中世教育史』有斐閣、一九五〇年、三四—三七頁。
［2］寺﨑昌男「総説　学会の動向」（『講座　日本教育史（第五巻）研究動向と問題点／方法と課題』第一法規出版、一九八四年所収）、二四頁。

［3］稲垣忠彦「第一章　教育学と教育史研究」（『講座　日本教育史（第五巻）研究動向と問題点／方法と課題』第一法規出版、一九八四年所収）、二四六頁。

［4］安川寿之輔「第四章　教育史と教育思想史――研究の方法と課題」（『講座　日本教育史（第五巻）研究動向と問題点／方法と課題』第一法規出版、一九八四年所収）、三〇五頁。

［5］教育史学会編『教育史研究の最前線』日本図書センター、二〇〇七年、i―iii頁。

［6］広田照幸「社会変動と思想運動――教育思想史学会の歩みを傍観して」『近代教育フォーラム』第一八号、教育思想史学会、二〇〇九年、一一二頁。

［7］同論文、一一五頁。

［8］原聡介「教育思想史の課題は何か――再び振り返りながら」『近代教育フォーラム』第一八号、教育思想史学会、二〇〇九年、九五頁。

［9］同論文、九八頁。

［10］同論文、九九頁。

［11］同論文、一〇一頁。

［12］同論文、九九―一〇〇頁。

［13］今井康雄「私にとっての教育思想史（学会）」『近代教育フォーラム』第一八号、教育思想史学会、二〇〇九年、一〇四頁。

［14］同論文、一〇五頁。

［15］同論文、一〇五頁。

［16］広田、前掲論文、一一二―一一三頁。

［17］同論文、一一四―一一六頁。

［18］今井、前掲論文、一〇六―一〇七頁。

［19］矢野智司「教育思想史研究と教育思想研究と教育現実」『近代教育フォーラム』第一八号、教育思想史学会、二

〇〇九年、一四八―一五〇頁。
[20] 松浦良充「「運動」の終焉と再始動――教育思想史の固有性への内向か、越境に向けての拡張か」『近代教育フォーラム』第一八号、教育思想史学会、二〇〇九年、一四〇―一四一頁。
[21] 山内紀幸「生まれたときからポストモダン――第三世代にとっての教育思想史（学会）」『近代教育フォーラム』第一八号、教育思想史学会、二〇〇九年、一二八頁。
[22] 松浦、前掲論文、一四一頁。
[23] 川瀬邦臣「教育の思想研究と歴史研究の結合」『近代教育フォーラム』第一八号、教育思想史学会、二〇〇九年、一七〇―一七一頁。
[24] 上原秀一「教育的思惟の歴史的構造の解明について」『近代教育フォーラム』第一八号、教育思想史学会、二〇〇九年、一七八頁。
[25] 松浦、前掲論文、一四三頁。
[26] 西村拓生「思想史研究と教育の〈現実〉」『近代教育フォーラム』第一八号、教育思想史学会、二〇〇九年、一五九―一六二頁。
[27] constructionism を「構成主義」と訳すか「構築主義」と訳すか、特に「社会構築主義（social constructionism）」と称するか、さらに共に「構成主義」と訳される constructionism と constructivism との相違は、文脈によっては決定的な問題である。この用語法の問題については、以下の三者の議論を参照。赤川学「言説分析と構築主義」（上野千鶴子編『構築主義とは何か』勁草書房、二〇〇一年所収）。浅野智彦『自己への物語論的接近――家族療法から社会学へ』勁草書房、二〇〇一年。千田有紀「構築主義の系譜学」（上野千鶴子編『構築主義とは何か』勁草書房、二〇〇一年所収）。ただし本章の文脈ではそれらの異同は問わず、「現実」が言語的・社会的・歴史的に構成される、という認識に立脚する研究や思想の動向、として、さしあたり最も包括的に把握しておけば充分である。また、物語り論と構成主義との関係については、上記の浅野智彦の著作の他、次の文献を参照。野口裕二「社会構成主義という視点――バーガー&ルックマン再考」（小森康永・野口裕二・野村直樹編『ナラティブ・セラピーの

世界』日本評論社、一九九九年所収)。K・J・ガーゲン(東村知子訳)『あなたへの社会構成主義』ナカニシヤ出版、二〇〇四年。
[28] 林健太郎『史学概論』有斐閣、一九七〇年、二二五―二八三頁。
[29] 上野千鶴子『ナショナリズムとジェンダー』青土社、一九九八年、一二頁。
[30] 野家啓一「講義の七日間――歴史のナラトロジー」(『岩波 新・哲学講義8 歴史と終末論』岩波書店、一九九八年所収)、三三頁。
[31] 同書、二八頁。
[32] 同書、七頁。
[33] 同書、五三頁。
[34] 同書、七一頁。
[35] 中村雄二郎・野家啓一『歴史 21世紀へのキーワード――インターネット哲学アゴラ』岩波書店、二〇〇〇年、一九九頁。
[36] 同書、一七九頁。
[37] 野家、前掲書、七二頁。
[38] 同書、二〇頁。
[39] 加藤秀一「構築主義と身体の臨界」(上野千鶴子編『構築主義とは何か』勁草書房、二〇〇一年所収)、一八二頁。
[40] 千田有紀「構築主義の系譜学」(上野千鶴子編『構築主義とは何か』勁草書房、二〇〇一年所収)、三六頁。
[41] 上野、前掲書、一五四頁。
[42] 同書、一四三頁。
[43] 同書、一七四頁。
[44] 上野千鶴子編『構築主義とは何か』勁草書房、二〇〇一年、二八五頁。

〔45〕高橋哲哉『思考のフロンティア　歴史／修正主義』岩波書店、二〇〇一年、ⅲ頁。
〔46〕同書、三五頁。
〔47〕同書、四七―四八頁。
〔48〕同書、五〇―五一頁。
〔49〕同書、八五頁。
〔50〕同書、九三頁。

第8章――教育哲学と政治／実践／ポストモダニズム

1　「論じられなかったこと」を論じる困難

この章の論考は最初、教育哲学会の学会誌『教育哲学研究』一〇〇号記念特別号（二〇〇九年）において、過去の同誌のレビューを試みる「教育哲学研究の展開」の最後の章「論じられなかったテーマ」のために書かれたものである。この記念号のレビュー企画には先例があった。一九九五年に行なわれた課題研究「教育哲学を問う――わが国教育哲学の軌跡から」の中で矢野智司が、六五〇冊あまりの戦後教育哲学・教育思想の出版年表を作成して、「学問の展開過程を系統づけ、解釈し、評価する枠組みを自覚的に形成する[1]」ための「コンテクスト作成」の必要性を提起したのが、その先例である。その際に矢野は、その出版年表に「私たちの先輩や仲間たちが、どのような仕事をしてきたか、あるいはより重要なことであるが、何をしなかったか[2]」を読み取ることができる、と述べていた。一〇〇号記念特別号における他のレビュー論文がテーマ毎に描くコンテクストを〈図〉とするならば、「論じられなかったこと」を問うのは、〈図〉に対する〈地〉の部分を自覚的に問う試みであろう。たしかにそれは、教育哲学会の未来を考えるために重要であると思われた。

とはいえ、言うまでもなく、これはなかなかに困難な課題である。実例を一つ挙げれば可能な存在証明に対して、ある事柄の不在の証明は論理的には遥かに困難である反面、現在の地点から過去に対するナイーブな無いものねだりなら、いくらでもできる。ここで筆者にできたのは、テーマが「論じられなかったこと」であってもやはり、学会五〇年間の蓄積の中から取捨選択をして、一つの筋立てを語ることであった。そしてその時、教育哲学会の思想史を筋立て、コンテクストを描く視点は、筆者の現在のアクチュアリティに根ざすものでしかあり得なかったことも告解しておかねばならない。その上で、では、このアクチュアリティは、与えられたお題の「論じられなかったこと」という否定形と、どのように結びつくだろうか。

筆者は、教育哲学会のあり方について自らが今、重要と考える問いを、三つの否定形の仮説として掲げて、それを確かめることを通じて与えられた責を果たしたいと考えた。それは以下のような仮説である。――教育哲学会は非政治的であった。教育哲学会は教育実践から乖離していた。教育哲学会はポストモダニズムに対して防衛的であった。――いわば、「論じられなかった」のは〈政治〉〈実践〉〈ポストモダニズム〉ではないか、という暫定的な仮説である。筆者の力量と紙幅の制約から、取り上げることができたのは主として研究討議と課題研究での議論であった。それも、五〇年間にまんべんなく目配りするのではなく、現在の筆者のパースペクティブから重要な転換が生じたと思われる時期に焦点化した検討となったことを、あらかじめお断りしておかねばならない。

2　検証の出発点――「戦後教育学」との距離、という仮説

教育哲学会の思想史を語ろうとする筆者のアクチュアリティは、やはり近年の学会における議論が背景となっている。とりわけ、まず〈政治〉論の不在という仮説を提起した動機は、二〇〇七年から行なわれている特定課題研究報告助成プロジェクトの一つ、「戦後教育哲学の出発」における議論である。その中で小笠原道雄が、学会初代会長の稲富栄次郎の動静を追いながら、「教育哲学会の成立を誘発する大きな要因のひとつとして当時の日本教育学会の政治的立場との違和感（中略）が底流としてあったのではなかろうか[3]」と述べ、それを受けて田中毎実が「学会の創設は、ようやく確立した戦後政治体制への教育哲学者たちの集合的反応であったともいえよう。（中略）小笠原会員の報告は、教育哲学の出発がまさにこのような五十五年体制へのアンチテーゼの提起であったことを示唆している[4]」と総括している。

「学会発足時教育哲学の脱イデオロギー性[5]」というテーゼは今後も検証が続けられるべきであるが、冷戦期のイデオロギー対立にコミットした日本教育学会に代表される「戦後教育学」に対して、それに距離をとった教育哲学会、という見立ては、ひとまず受け入れやすいものであるように思われる。筆者がこの学会の大会に参加し始めた一九八〇年代末でも、日本教育学会に比べて教育哲学会は「非政治的」という印象が強かったように記憶している。この見立ての妥当性を、研究討議や課題研究の議論に即して検討してみたい。

3　教育の外に措定される「政治」

学会創設間もない一九六三年には、「生活指導と道徳教育」というテーマの課題研究で、特設道徳の政治性をめぐって「非常に鋭い質疑応答が行われた」[6]といった記録が残されている。初期の課題研究のテーマを見ても、ナショナリズム、高度産業化社会、大学紛争、公害など、意外に時事的なテーマが取り上げられており、教育哲学会は社会の動きから超然としていたわけではない。政治に関する言及も、実は少なからず見いだすことができる。しかし、問題はその論じられ方である。典型例と思われるものを一つ挙げてみよう。一九七三年、「教育哲学の地位と課題」と題された課題研究で、大浦猛は次のように述べている。「教育は政治によって条件づけられている。すなわち現実の社会における教育課題への取り組み、あるいは、教育の目的をこの社会の中で実現してゆこうとする企てを、支えたり阻んだりする最大・最強の外的条件は、政治にある、と言わなければならないのである。したがって、（中略）教育に関する政治の問題が、教育目標の達成をめぐる主要な現実的課題になる。教育学および教育哲学は、このような問題にも切実な関心を払うべきなのである」[7]。政治は論じられるべきである、という。しかし、そこでの政治は、あくまで教育の外にある規定要因、あるいは阻害要因として捉えられているのである。このように政治を教育の外に措定するスタンスには根強いものがある。

一九七六年には、まさに「政治と教育」というテーマで研究討議が行なわれている。報告者の一人、原聡介によれば、それは教育哲学会が政治と教育との緊張関係を「初めて意識的に取り扱おうとする」試みであった、という。しかし、同時に原は、「この問題は教育を政治が不当に支配し、疎外するという発想から成立しやすいために、ややもすれば無前提的に悪なる政治から善なる教育を守るという、比較的楽な、ないしは反省力の弱い議論になる傾向がある[8]」と指摘している。同じく報告者の堀内守は、我々が「暗々裏に『政治』あるいは『教育』を領域概念、実体概念と見なしてしまっている」ことを批判し、むしろそれらを「関係概念、機能概念として」考えることを提唱している[9]。これらの議論には、政治を教育の外に措定する二項対立的な発想を乗り越えようとする志向が窺える。しかし、未だ十分に転換が生じているわけではない。たとえば、同じ研究討議で、長井和雄や金子光男は次のように論じている。「畢竟、政治も法も人間の外的側面に属するものであり、これらのものが人間的であるためには、人間の内的な規範的精神の覚醒のための教育が基本と考えているのである[10]」。「教育の歴史は、このように民主主義を前提としながらも、政治権力の一方的なインドクトリネーションを通して国家的色彩を強化していったのであって、教育は完全に政治の手段として利用されたのである[11]」。

二項対立的発想の依然とした根強さは、一九八五年から八八年にかけて、臨教審に対応すべくシリーズで行なわれた課題研究「教育哲学は教育改革にどうアプローチするか」にも窺われる。たとえば、「このような政治の介入は、教育の論理をみだし、長い目で見れば取り返しのつかぬほどの害悪を生み出す。したがって教育哲学は敢然と教育の論理を守るために起たねばならない。（中略）抽象に自足するような傾向は、みすみす政治の餌食になる結果をもたらすであろう[12]」というのが、やはり一連の議論の基調であったように思われる。最後の一九八八年の司会者であった田浦武雄の総括も以下のようなものである。「臨教審の答申では、（中略）政治・経済の論理に教育がふりまわされ、教育の論理がこれらに従属していたり、教育の実践の成果と課題の検討に十分に基づかない理念や理論の展開がみられることは、遺憾なことであり、改善されるべきであると思う。教育哲学に関心をもつわれわれは、教育の論理に根ざした教育改革の構築に向けて、一層の努力をしていかなければならない[13]」。「教育の論理」という概念がしばしば登場する。それは「政治」に対して擁護されねばならない、その限り非政治的なものとして措定されているのである。

4 一つの転機——今井重孝・堀尾輝久の〈論争〉

この〈政治〉と〈教育〉の二項対立図式は、発足時の教育哲学会が距離を置こうとした「戦後教育学」の枠組みと、本質的には異ならない。違いはただ「運動」へのコミットの度合いに過ぎない、とも言える。筆者の見るところ、その理論状況にブレイクスルーをもたらした一つの転機は、一九九四年と翌九五年の課題研究における今井重孝と堀尾輝久の〈論争〉にあった。

九四年の課題研究「教育哲学を問う——教育学研究の多様化の中で」では、原聡介の司会で、今井重孝が「システム論の立場から教育哲学を問う」、鳥光美緒子が「ポストモダンと教育学」、そして山口栄一が「教育工学の「哲学」と教育哲学への期待」という報告を行っている。その中で今井は、「戦後教育学」を代表すると目される堀尾教育学に対して、次のような批判的検討を試みた。

「権利とは法により定められたものであり、法システムにおける概念である。本来教育システムの概念ではない。堀尾氏は国家と国民、理想と現実という区別で観察するから教育システムと法システムのシステム準拠の違いは視野に入ってこない。そのため、人権をあたかもアプリオリな価値であるかのごとく誤解することになる[14]」。「戦後教育学の主流」には「システム連関への反省が欠如しているために、教育権という「教育的価値」が一方的に宣言されることになる。教育学は、政治システムを経由して価値の実現を求めることになる。教育学は裁判という政治システムに巻き込まれることになり、自らの独自性を見失うことになった。(中略)かくて、教室の実践を離れた教育運動の政治化が問題となる。学問システムと教育システムの反省知との関係は反省されず、あたかも事実知が価値判断を導くかのような幻想を生み出すことになる[15]」。

上述の二項対立図式とは別の意味でシステム論は政治システムと教育システムとを峻別するが、それ故に両者のシステム関連をも取り扱うことができる。それに対して「戦後教育学」は、システム連関への反省の欠如の故に、学問システムから「発達」という「教育的価値」を誤って導出しつつ、その実現を政治システムに求めることになって、教育システムの反省知としての独自性を喪失した、というのである。この批判の前提には、「あらゆる認識はある区別を用いて現実を観察し叙述することによって成立する[16]」、「理念と現実、規範と事実、反省と実行といった「意味論的差異」それ自身が、現実の構造なのである[17]」というシステム論の前提があることに留意しておきたい。

さて、それに対して、翌九五年の課題研究「教育哲学を問う――わが国教育哲学の軌跡から」に、冒頭で触れた矢野および村井実と共に登壇した堀尾輝久は、今井の批判に反論しつつ――堀尾は、むしろ教育と政治に関する今井の議論こそ「単純な二項対立的把握である」と反批判している[18]――自らの立場(総合的人間学としての教育学)を次のように要約している。「まず人間というものを歴史的社会的存在としてとらえると同時に、変化し発達する存在、生まれ、育ち、やがて死を迎える存在としてとらえるということが前提です。それから教育活動はその成長・発達と価値的に関わっているという事実を基本に据えて、その教育を政治や社会の関係のなかに位置づけ、その教育に関わる諸関係の総体を対象化し、それらを人間発達の視点から批判的に検討し、さらにその知見を人間形成と教育実践の技術へと収斂させる、そのような総合的人間学となることが求められています[19]」。

堀尾の場合、教育は「政治や社会の関係のなかに位置づけ」られ、それらの「諸関係の総体」は「人間発達の視点から批判的に検討」される、という。「発達の視点」は――その歴史性・社会性は顧慮されるというものの――やはり政治的・社会的関係の外部にある。そのように「教育」にとって外部にある政治や社会に対して、いわば上述のように非政治的な「教育の論理」を擁護するのが教育学の使命、ということになる。

両者の〈論争〉に判定を下すことはもとより、立ち入った分析をすることも、ここではできないが、さしあたり言えるのは、政治をもっぱら教育の外側の阻害要因として措定する二項対立図式を出て、「政治」と称される営みと「教育」と称される営みとの内的連関に踏み込んだ分析をする端緒が、この〈論争〉によって開かれた、ということである。筆者の見るところ、それを可能にしたのは、今井の依拠するシステム論の前提が、かつて堀内守が提唱していたように、政治と教育とを実体概念ではなく関係概念、機能概念として捉える視点を明確にするものであったからである。

この点に関わって、〈論争〉の背景にも触れておきたい。堀尾を批判する際に今井が引き合いに出し、また堀尾が今井と併せて反批判しているのが森田尚人の議論である。森田は原聡介らと共に一九九一年に近代教育思想史研究会（一九九七年からは教育思想史学会）を立ち上げている。この研究会が志向したのが、堀尾ら「戦後教育学」が依拠してきた近代教育思想の思想史的再検討を通じた批判的相対化であった。また、その際、この研究会には、当時のポストモダニズムの思潮（これをどのように捉えるのか、という問題については後述する）に積極的な関心を示すスタンスの論者が集まっていた。今井はその代表的な一人である（今井の依拠するルーマンも、ハーバーマス的「近代」に対する批判的スタンスと構成主義的認識論という点で、広義のポストモダニストと見なすことができると考える）。九四年の課題研究で今井と共に報告者だった鳥光も、また後述する高橋勝や田中智志も同様である。当初、教育哲学会の周縁に立ち上がったこの研究会の議論が、次第に教育哲学会での議論にも影響力を増して行くようになる。

5　教育関係そのものの政治性・権力性の認識

「政治」と「教育」との内的連関の分析は、さらに翌一九九六年の研究討議「教師の存在論」に引き継がれて行く。そこで顕在化したのは、教育関係そのものの政治性・権力性、という視点である。報告者は高橋勝、田中智志、そして、後に日本教育学会の会長として、かつての堀尾のポジションを引き受けることになる佐藤学が、教育哲学会に初登場している。

高橋は、フーコーやアリエスに依拠しつつ、近代教育に内在する「技術主義的性格」を指摘した。曰く、「生徒に対する「教育的意図」（一方的な志向性）を有する関係こそが、教師を教師たらしめるものと見なされてきた。その意図は、子どもの蒙昧状態を理性化するという「大きな物語」を背景として」いた。しかし今や、「そうした「教育的意図」の独善性そのもの」が問われている。それは「「大きな物語」それ自体の崩壊に由来するものである」[20]と。高橋は、その克服のためには「生徒という「他者」との相互行為を基本にした、新しい〈教師—生徒〉関係の構築が、現在求められている」と結論している。ここで「大きな物語の崩壊」と「他者性」という、ポストモダニズムのキャッチフレーズが登場していることに留意しておこう。

佐藤は、〈子ども〉と〈大人〉、〈実践家〉と〈理論家〉、〈権力者〉と〈従属者〉といった二項関係に収まらない「中間者」としての教師の複雑さや曖昧さに由来する「再帰性」「不確実性」「無境界性」という三つの特徴が、今日、教育の公共的使命の喪失状況の中で、教師という存在の解体の危機をもたらしている、と指摘した。「教師への存在論的接近は、身体化されたシステムとプログラムを個の身体の内側で破砕する〈主体の闘争（編み直し）〉の実践を準備している。（中略）「中間者」「媒介者」の身体は、多元的・多層的に引き裂かれている。（中略）その分裂と亀裂の中で自己と他者との関係を編み直し続けること、そこに〈闘争の主体〉としての教育実践が成立する」[21]。こうして佐藤においては、教師の実践は〈主体の闘争〉という、すぐれて政治的かつ実存的な営みとして捉え直される。ただしこの実践・闘争は、かつてのような政治運動ではなく、「小さな物語」の語り直しという、ナラティブの実践である。「教師の「小さな物語」は、確かにほとんどの場合大きな物語にからめとられてしまう。（中略）この「大きな物語」の役割を果たしているのが教育学なのである。この悪循環を断ち切るものは他者性や外部であり、（中略）自分が崩れるような経験をすることによってそれが現れる」[22]。ここでもキイワードは「物語」、そして「他者性」と「外部」である。と同時に、佐藤の場合、語り直し実践は、システムからの解放を経て、最終的に公共性の再構築へと向かう。「教育という公共的領域において教師の「小さな物語」を「大きな物語」に編むこと、すなわち民主主義を踏まえた新たなグランドセオリーとしての教育学を編むことが必要である[23]」。

高橋も指摘しているような近代社会に特有の「教師」という存在の存立機制を、田中は「代理審級モード と事後心象モード」という二つの様態で捉え、この二重モードが、そもそも〈もの〉志向と〈こと〉志向という背反する思考に支えられていた上に、「虚構の時代」の開始と共に、代理審級としての権威の後ろ楯を剝奪されてしまったところに、今日の教師の「出口なし」の苦境の原因がある、と指摘した[24]。システム論を踏まえて「教師」や「教育」の近代性を分析する田中は、しかし、高橋や佐藤が志向する教育関係の再構築や実践主体の「編み直し」には批判的であった。曰く、「他者性や外部はなお旧来の主体／客体図式の枠内にあるから、主体論の隘路を他者性でこえようとすることは自己撞着だ。われわれが問題とすべきは、小さな物語から大きな物語を編むことではなく、機能が複雑に絡み合っている全体としてのシステムというきわめて物質的な存在をとらえることである[25]」と。

高橋や佐藤による「他者性」の強調は、教育関係そのものの権力性の認識への対応である。田中の言う「代理審級モード」も、同じ事柄の分析的説明に他ならない。ここでは既に、「政治」は教育の外に措定されるのではなく、「教育」という近代固有のプロジェクトに内在するものであることが共通理解になっている。その上で、しかし、教育理論が「教育」の政治性・権力性を如何に引き受けて「実践」に関わるのかという点では、スタンスが分かれている。今井康雄と共にこの研究討議の司会を担当した田中毎実は、議論を四つの対立的スタンス——教師の存在を規定している枠組みを問うか、その枠組みを教師が如何に経験しているかを問うか／将来的見通しを提起するのか、現実の分析にとどまるのか／グランドセオリーを構築するのか、それを禁欲するのか／教育理論の伝統的蓄積を継承するのか、批判的な距離をとるのか――で整理した上で、それらの組み合わせから、「相互補完的に協働すべき」三つの学問論的モデル――継承モデル、再構築モデル、脱構築モデル――を抽出している[26]。教師の存在論に即して展開された「教育と政治」の語り直しは、同時に教育理論と実践との関係の問い直しをも意味することになった、と見ることができる。この研究討議の時点で、教育哲学会における「政治」と「実践」の語り方には大きな転換があったことが窺われるのである。

「実践」の論じられ方については、後にもう一度言及する。また、この後、二〇〇〇年代にかけて、佐藤が言及していたような「公共性」の問題が学会での議論の一つの焦点となって行ったこと、さらに近年では、教職教育という、教育哲学研究者にとって自らの「実践」を問う議論が盛んになっていることについても、後に一瞥したい。が、その前に検討しておきたいのは、この〈転換〉とポストモダニズムの思潮との関係である。たとえば、教育関係の権力性の認識がフーコーに大きく負うことは言うまでもない。九六年の研究討議での三人の報告者の議論には、田中智志の依拠するルーマンも含めて、ポストモダニズムの語法が色濃く見られた。田中毎実が上述の三つのモデルを提起する際の「脱構築」という概念も、もちろんポストモダニズムを意識してのものである。研究討議・課題研究での議論で見る限り、教育哲学会にポストモダニズムの影響が及び、いわばパラダイム転換が起こったのは、一九九三年からこの九六年にかけてであるように思われる。

6 パラダイム転換――ポストモダニズムの受容?

先に触れた、臨教審に対応して「教育改革」をテーマにした課題研究のシリーズ(一九八五～八八年)の後、一九八九年から一九九二年にかけて、課題研究は「知の転換」をテーマにして、やはりシリーズで行なわれた。最初の年の司会者(小笠原道雄・皇紀夫)の「総括的報告」では、「改革」をうながす「時代思想の変化のもっとも基礎にある根本のものの変化」の考察が謳われ、討議の中で「ポストモダンの構想」を「接ぎ木的に導入」することの問題性が言及されている。しかし、一連のシンポジウムを通じての印象は――個々に例外はあるものの――未だ真に「転換」はなされていない、というものである。そこで論じられた「転換」は、教育学にとっては一九世紀末以来おなじみの「近代科学」批判であり、それに対して真の「主体性」や「生活」や「共同体」や「感性」を対置する、という議論であった。既に思想界一般ではポストモダニズムの受容が、むしろ一時期の隆盛(たとえば浅田彰の『構造と力』は一九八三年に出版されている)から下火になりかかった時期に、教育哲学会では未だポストモダニズムを受けとめかねていた印象がある。(さらに言うならば、まさに一九八九年というタイミングにもかかわらず、冷戦終結という時代の転換も、教育哲学会の議論には反映した形跡が乏しい。)

シンポジウムの場で初めてパラダイム転換が顕在化したのは、むしろこのシリーズの後、一九九三年の研究討議「ライフサイクルの危機と教育理論の再構築」と思われる。報告者の一人、森田伸子は、出産と性を主題に、フーコーやアリエスを踏まえ、「家族という社会的制度のうちに貼りつけられたエロスの時代から、今もっと流動的なエロスの時代へと私たちは確実に足を踏み入れつつある」[27]と述べた。この報告は、ジェンダー論が教育哲学会の議論の俎上に（限定的ながらも）上げられた、という意味でも画期的であった。また、もう一人の報告者、今井康雄は、ヘーゲル＝ピアジェ＝エリクソン的な「教養小説的発展」の時間意識に、「垂直的現前の時間意識」を対置し、前者の解体の兆候を「アイデンティティからの解放への希求」と解釈する。ベンヤミンやフーコーの試みは、その解放を志向している、と。[28]これらの議論に対して、討議では、「もう少し教育に踏み込んだ」、教育学の「再構築」が必要だ、という異論が提起されている。この議論の構図は、司会の田中毎実によって教育学の「再構築」志向と「脱構築」志向、という構図で図式化された。先に触れた、「脱構築」というポストモダニズムのキイワードが教育哲学の中心的テーマに登場したのは、この研究討議が契機であった。それを皮切りに、翌年、翌々年にかけて、上述の今井重孝・堀尾輝久の〈論争〉、そして佐藤学、高橋勝、田中智志らによる教師の存在論と、パラダイム転換が進行して行った、というのが筆者の見立てである。

ただし、『教育哲学研究』誌全体として見た場合、ポストモダニズムに関連する議論は、この一九九〇年代でも未だ多くはない。後述するように何をもってポストモダニズムと見なすかは難しい問題であるが、既に触れた議論以外に、筆者の視点から関連すると思われる論考を拾っておくならば、以下のようなものがあった。まず、先にも触れた、九四年の課題研究における鳥光美緒子の報告。超越論的批判の立場に引きつけた土戸敏彦のポストモダン教育学論。[29]丸山恭司のヴィトゲンシュタイン論。[30]上地完治のジルー論。[31]ポストモダン教育学とハーバーマスにおける「美的なもの」をめぐる野平慎二の議論、[32]といったところである。（さらに、この時期の『教育哲学研究』に論考は登場していないが、藤川信夫、松下良平、鳶野克己らの名も挙げておくべきだろう。)

このレビューの根底にある筆者の見立ての一つは、ポストモダニズムと総称される思潮の教育哲学会に対する影響は見かけ以上に大きかったのではないか、というものである。そのような見立てを提起してみたいのは、ポストモダニズムを称揚したいからではない。むしろ、思想界一般におけるポストモダニズムの隆盛の中で研究者として育ってきた筆者自身の議論も含めて、既にそこで自明化しつつあるように思われる前提を、あらためて一度、前景化しておきたいからである。しかし、ここまで見てきた一九九〇年代の一連の研究討議・課題研究に筆者が見いだした〈パラダイム転換〉の深度や徹底性をどのように評価するのかは、難しい問題である。視点を変えれば、思想界一般に比べて教育哲学会はポストモダニズムに対してきわめて防衛的であった、とも見える。それが、このレビューの暫定的仮説において、「論じられなかったこと」の一つとしてポストモダニズムを挙げた所以である。このアンビバレンスを端的にあらわしているのが、一九九九年に行われた研究討議のタイトル、「二〇世紀末の教育哲学――ポストモダニズムの功罪」である。学会のシンポジウムで初めてポストモダニズムというテーマが掲げられた時、それは既に「功」と共に「罪」という視点から総括が試みられているのである。

7 ポストモダニズムの中間総括

この研究討議の報告者の一人、今井康雄は、日本の教育学におけるポストモダニズムの受容を次のように総括している。ポストモダンの概念は当初、むしろ教育学の伝統的問題設定を強化する要因として解釈され（和田修二や市村尚久）、九〇年代に入って逆に伝統的問題設定を動揺させる側面が注目されたが、新しいコンセプトの模索はかなり下火になっており、代わって時代診断的な用語として用いる例が増えている、と。「「ポストモダン」概念の取り込みを以上のようにごく限定的なものに止めた要因として、主にその実践的有効性に向けられた教育学内部の強力な「ポストモダン」批判の圧力を想定することができる。こうした批判の圧力に行く手を阻まれるようにして、「ポストモダン」は現状認識のための概念へと落着していった」[33]。それに対して今井は、むしろポストモダン概念の「副次的効果」を重視する。今井が挙げている三点は、西欧近代の教育原理の脱規範化、ヘーゲル＝ピアジェ的な人間形成モデルの無効化、そして、教育を外から支える要因ではなく、教育そのものが生み出すべき強度として公共性を構想する試み、である。今井が指摘するのは、たとえ副次的効果であれ、「ポストモダン」体験を経て教育学の問題設定が根本的に変化した、という状況である。その状況で教育学は、かつて教育を支えていた枠組みが強度を喪失し、自らそれを生み出さねばならないにもかかわらず、その基盤はますます脆弱になっている一方、近代性の批判・暴露が意味をもつ局面もポストモダンの「日常化」によって終わっている、という幾重ものジレンマに直面している。そこで、あいかわらず批判・暴露に従事するか、さもなくば教育の実定性に居直るか、という「不毛な二者択一」を突破する試みとして今井が注目しているのが、矢野智司と西平直の仕事である。

もう一人の報告者、早川操は、教育学の分野でのポストモダン概念の混乱を指摘しつつ、その諸前提を次のように整理した。「多様な知のあり方、多面的多層的な知の再評価、生きた状況や偶然性の強調、矛盾やパラドックスをはらんだアイデンティティ形成」、「他者性や周辺性」への注目。「ポストモダンの教育理論は、生徒はいうまでもなく教師でさえ、他者性や差異性をはらんだ状況から学ぶことによって自己形成への取り組みを要求される、という意味において挑戦的である」[34]。「ポストモダンの自己形成の特徴は、多様な他者性・差異性からの語りかけに応え、それがもたらす不安定と緊張のなかで自己の境界枠・認識枠を調整し超えていく点にある」[35]。その一方で早川は、ポストモダンの自己形成論の課題として、「他者性・差異性を安易に捉えすぎていること」、「基盤主義的発想を否定するあまり全体的視座まで拒否してしまうこと」、「他者性・差異性の擁護によって分断され対立する共同体の存在を正統視してしまうこと」等を挙げている[36]。

教育学におけるポストモダニズム受容を可視化して整理しようとした今井と早川に対して、鈴木晶子は、いわばメタレベルから「モダンやポストモダンをまるで実体であるかのように捉え、所有しようとする知のあり方自体をここで疑ってみたい」[37]という構えを示した。「モダン」や「ポストモダン」とは実体ではなく、「そのように「見立て」られているのだという方法論上の立場」からは、モダンとポストモダンは、関係性のうちに互いを見立てている「合わせ鏡」の像である。それ故、たとえば「日本の教育状況や青少年の行動様式の不可解さをモダンの究極とみるか、ポストモダン的現象とみるかは、その見立てによって如何様でもあり得ます」[38]と。要するに、「モダンもポストモダンも（中略）私たち一人一人にとって「そのように見える」ものに過ぎない」、「結局のところ、ある意味で虚構（フィクション）に過ぎないのだ」[39]というのが鈴木の立場である。鈴木はそれを、ヴァイヒンガーやヴィトゲンシュタイン、クーンといった「カントの構成主義を引き継いだ議論」の系譜上に位置づけている。また、この立場から鈴木は、「身体や欲望、感性」といったポストモダニズムが好んで取り上げる人間の非合理的な側面についても、「果たして「理性にとって他なるもの」は本当に把握できたのか」、「言語化しようとして言語の網をかけた途端に、その網をくぐり抜けてしまうような「何か」は常に残ったままなのではないか[40]」と疑義を呈する。それに対して鈴木は、ある見立てが次の見立てによって取って代わられる瞬間に「虚焦点として浮かび上がる「何か」にこそ、人間の変容を解明する手がかりがあるのではないか」という見通しを提起している[41]。

三人の報告者の議論は、いずれも「ポストモダン」を実体化したり、恣意的に拡大解釈して毀誉褒貶することを危惧する——司会の増渕幸男と森田尚人の総括によれば、「ポストモダニズムの影響を過大評価することなく[42]」——という点では共通していた。続く質疑応答でも、この危惧を裏付けるかのように、議論の焦点がなかなか定まらない印象が強かった。司会者の総括は、「今回の研究討議で取り上げた世紀末の教育哲学研究のあり方を問う試みは、その結果について総括することがきわめて困難である[43]」というものであった。にもかかわらず、それをポストモダニズムと称する、あるいは見立てるか否かは別にして、「ポストモダン」体験を経て、教育哲学の議論に大きな「転換」が生じていることは、三者の報告にも看て取ることができるように思われる。今井が指摘していたのは、教育学にとって、もはや後戻りできない根本的な問題設定の変化である。ポストモダニズムとは一見クールな距離を置くかのような鈴木の議論も、そのラディカルな構成主義的スタンスは、同時代の「言語論的転回」の趨勢や「物語り論」の隆盛と、明らかに響きあっている。ここでは鈴木自身の見立てとのズレは承知で、「見立て」論のアクチュアリティもまた、ポストモダニズムの時代を経た教育哲学の「転換」の一つの大きな要素と見立てておきたい。

(現実の虚構性を強調する点で、鳥光や野平が紹介していた、ドイツのポストモダン教育学を代表する一人、レンツェンの「教育現実＝ハイパーリアリティ」論との共鳴を指摘してもよいかもしれない。)

この研究討議の後、シンポジウムでポストモダニズムや「知の転換」が主題的に論じられることは無かった。ポストモダニズムは教育哲学会では防衛的・警戒的に受けとめられた末、一部の一過性の思想的モードとして消費されてしまった、という皮相な見方も可能かもしれない。が、一九九〇年代の一連のシンポジウムに筆者が見てきた〈転換〉は、二〇〇〇年代に入って、ここ十年あまりの教育哲学会の議論に確実に反映しているように思われる。それが、たとえば「実践」の問い方、語り方にも看取できるのである。

8　「実践」の語り方の変化

教育哲学が教育実践から乖離している、という批判的議論も常に繰り返されてきた。典型例を挙げるならば、一九八二年に「哲学的探求の教育実践における意義」という研究討議が行なわれているが、報告者の一人、谷川彰英は次のように述べている。「この研究討議の課題は、現実の教育実践に関心を払わず観念的な研究に終始してきた教育哲学界の傾向への根本的な反省であろう[44]」。「現実の教育実践は教育を考える材料と場を豊かに提供してくれる。（中略）なぜ従来の教育哲学者の多くはこのことに着目して哲学をしてこなかったのか[45]」。このように「教育現実」ないし「教育実践」への関わりに乏しい「従来の教育哲学」を批判するトーンは、このシンポジウムの報告者全員に共有されていた。では、教育哲学はどうあるべきなのか。「哲学」と「教育実践」との関わりは様々に語られているが、総じて主張されているのは、教育哲学は実践に即して思索すべきであると同時に、現象の本質的・総合的な把握に基づき、実践を普遍的・客観的に導くべき、ということである。司会の村田昇は次のように総括している。「世間的な俗見

（ドクサ）や体験的な知恵（ソフィア）に安住しないで、ドクサの基を求め、ソフィアを愛し、その中に筋道ないし理（ことわり、logos）を求め続けるのが、まさしく哲学」であるが故に、「教育学が哲学との深い内的連関の下に発展し、教育現実の根底にあって、それを支え導いている教育の本質を、根源に帰って問い求めようとしてきたことは、偶然ではない[46]」。「連関」は論じられるものの、「哲学」と「教育実践」とは互いに外側に措定され、かつ、「哲学」は「実践」を――あたかもプラトンの洞窟の比喩における哲学者のように――外から導くべき、というイメージが根強くある。

それに対して、近年の教育哲学会における「実践」の論じられ方は変化しつつある。対比するために、近年の研究討議・課題研究――教育哲学のあり方を問う学問論的なテーマが続いている――から、「教育現実」や「教育実践」に関する発言をいくつか拾いだしてみよう。

「（報告者に対して）「教育現実が分かっているか」という指摘が繰り返し出された。たとえば、現代日本の学校現場の困難と噛み合っていない。あるいは、身をもって教育現実を知っているのか。それに対して報告者（西村氏）は、その「現実」の成立根拠を語ろうとした。現実なるものが、素朴実在論的に初めから成り立っているわけではない。現実も常に既に解釈が加わって初めて成り立っている。（中略）何らの「解釈」も加わらない「現実そのもの」は存在できない。ならば、その解釈をこそ自覚的に問題にすべきではないか。（中略）しかしそうした見解は、質問者の不満をますます増長させた。（中略）このすれ違いは、今回に限らず至る所で体験される[47]」（齋藤直子・西平直、研究討議「哲学研究と教育研究――その乖離と邂逅」、司会者の「総括的報告」、二〇〇七年）。

「「現実」や「実践」への過度のコミットメントを誇ることによって、思索の深まりをないがしろにするある種の知的怠惰が、教育哲学のなかにありはしないだろうか？（中略）哲学の古典を読む行為を現実離れした迂遠なことだと考えている者は、おそらくそのテクストを本当は読んでいないのだし、同様に自己自身や実践「現場」さえひとつのテクストと見なければならないということを理解しない」（小野文生、研究討議「これからの教育哲学を考える」、二〇〇八年[48]）。

「私たちの教育現実は通常、さまざまな由来をもつ言説の蓄積のうちからごく一部（場合によっては片言隻句）を恣意的便宜的に借用して、構成されている。（中略）教育現実を構成する当事者たちは多くの場合、そのつどの状況の特殊性や偶発性へ対応することに忙殺されており、自らの半端な言説を顧みる余裕などとうていないのが通例である。こうしてかれらは、自分たちの構成した現実によって否応なく拘束され、その虜となる。言説の徹底的反省とそれによる解放を本来の仕事として引き受けるのは、周りはそう思わないにしても、やはり「モデル1」としての教育哲学であるほかはないのではないか」（田中毎実、課題研究「教育研究のなかの教育哲学――その位置とアイデンティティを問う」、二〇〇九年[49]）。

ここに共通して見られるのは、教育の「現実」なるものが、最初から素朴実在論的に、実体として存在しているわけではなく、私たちの言語的実践――言説、語り（ナラティブ）、「見立て」、「筋立て」、「テクスト」読解、解釈――によって構成されているものである、という、物語り論的、構成主義的、「言語論的転回以後」的なスタンスである。そこから「実践」との関わりについても、単に実践「現場」に赴き、「教育現実」と理解されている事柄を対象や素材として論じればよいというのではなく、その「教育現実」なるものの構成そのものを問いに付すことこそ教育哲学がなすべき仕事である、と考えられている。そのとき教育哲学の言語的実践は、もはや教育実践の外側に措定され、外からそれに「かかわる」のではなく、常に既に「教育現実」の構成に巻き込まれており、それと相即的である。また、そのとき教育哲学は、もはや「現実」や「実践」の外から「本質的・普遍的」な理念を与え、導くという特権的な立場には立ち得ず、その固有の存在意義は、ただ言語による現実構成に対する反省の徹底性にのみ認められている。

もちろん、上述の研究討議の司会者総括でも述べられているように、「実践」に関するこのような立場に対しては批判や無理解も多い。それがこの学会において支配的というわけでもなければ、その正当性を排他的に主張するつもりもない。しかし、そのアクチュアリティは、ポストモダニズムの時代の思想状況を体験してきた多くの学会員に今、共有されているのではないか、という見立てをここで提起しておきたい。その裏づけになるとも考えられるのが、先にも触れた、近年の学会における二つの主題――「公共性」論と教職教育論――である。前者について今井康雄が、「ポストモダン」体験による教育学の問題設定の根本的変化の一つと見ていたことは既に言及した。卑見によれば、佐藤学や小玉重夫のような新しい教育の公共性論に通底するのは、善のイデアのような「善さ」の審級を学校共同体の外部に措定せず、それは日常的な生における共同性に内在している、と捉えるアリストテレス的な実践概念である（このことは本書の第3章で論じている）。それと、右に指摘したような「実践」の論じ方との同型性は、ポストモダニズムの主要な批判対象の一つがプラトニズムだったことを想起するならば、不思議なことではない。

教職教育については、二〇〇六年に課題研究のテーマとなり、特定課題研究報告助成プロジェクトが企画され、また、二〇〇九年の『教育哲学研究』第一〇〇号においても特集が組まれている。このテーマへの注目の背景には、教員養成システムから教育哲学が排除されつつある現状への危機感がある。しかし、そのような状況論的理由を超えて、それは、「実践」をめぐる上述のような教育哲学のスタンスの必然的な帰結のようにも思われる。教育哲学の仕事が、「今、ここ」での「生きた現実」を構成している言説の徹底的反省と語り直しであるとするならば、真っ先に赴くべき先の一つが大学における自らの教師としての実践になるのは、ごく自然な成り行きだからである。

9 教育哲学会の思想史を語る意味

何が「論じられなかった」のか、というお題に対して、以上のように〈政治〉〈実践〉〈ポストモダニズム〉をめぐる一つのコンテクストを試しに描いてみた。政治と教育、実践と教育哲学が、互いに外在的に措定されていたかつての理論状況は、広義のポストモダニズム（あるいはポストモダニズム隆盛の時代思潮）の影響を経て〈転換〉した、というのが、その筋立てである。ただし、構成主義的認識論に基づく政治と教育、実践と理論の内的連関の分析や、物語り論的な「教育現実」観、「他者」や「外部」や「差異」への顧慮、さらにはヘーゲル―ピアジェ的な人間形成モデルの乗り越えといった、ここで注目してきた理論的諸契機をポストモダニズムという概念で包括することができるか否かについては異論の余地もあるかもしれない。だとしたら、ポストモダニズムという概念に拘泥する必要は全くない。肝心なのは、この概念をインデックスとして、教育哲学会における理論状況の〈転換〉という見立てを語り出してみることであった。

〈政治〉は、〈実践〉は、〈ポストモダニズム〉は、教育哲学会において果たして語られなかったのか、という冒頭の暫定的・仮説的な問いには、もはや直接答える必要はないだろう。主題的言及の存在／不在が問題なのではなく、その語られ方こそが問われるべきであるのだから――というスタンスもまた〈転換〉後のアクチュアリティである、と付け加えたら、蛇足に過ぎるだろうか。そして同じことが、「論じられなかったこと」というテーマの下で期待されたかもしれない他の主題についても言える。たとえば「美」や「身体」について、近代におけるその周縁的な位置づけの故に、本学会で論じられることが少なかった、という筋立ても、またポストモダニズムを経て（あるいは、経たにもかかわらず）、近年、論じられることが増えている（あるいは、依然として少ない）という見立ても、いずれも可能かもしれない。「ジェンダー」や「ケア」の概念と構成主義や他者論との親和性から、同様の筋立てを語ることもできるだろう。また、「発達」や「労働」について、かつては「戦後教育学」の枢要概念であるが故に、そして近年は近代的な人間形成モデルとの親和性の故に、いずれにしてもポジティブに語られた／語られることが稀である、という見立ても考えられる。これらはいずれも、本章で素描してみたコンテクストのヴァリエーションである。

『教育哲学研究』一〇〇号記念特別号の編集ワーキング・グループの一員として期待したのは、筆者自身のこのささやかな試みを含む諸々のレビュー論文が契機となって、教育哲学会の思想史が多様な差異を含みつつ、さらに語られ、語り直されることであった。それを通じて、教育哲学研究という営みを志向する私たちの現実構成についての共同的反省が展開されると同時に、私たち一人ひとりの研究が、それぞれが生きる場に即して豊かに深まることを、筆者は今でも祈念している。

註

［1］矢野智司「教育哲学の未来」『教育哲学研究』第七三号、教育哲学会、一九九六年、四四頁。

［2］同論文、四六頁。

［3］小笠原道雄「戦後教育哲学の出発――教育哲学会の成立と初代会長稲富栄次郎を巡って」『教育哲学研究』第九七号、教育哲学会、二〇〇八年、一六五頁。

［4］田中毎実「「戦後教育哲学の出発」に関する総括的報告」『教育哲学研究』第九七号、教育哲学会、二〇〇八年、一七五頁。

［5］田中毎実「教育哲学の現実構成力について」『教育哲学研究』第九九号、教育哲学会、二〇〇九年、二八頁。

［6］志賀英雄「第六回大会報告」『教育哲学研究』第九号、教育哲学会、一九六四年、八五頁。

［7］大浦猛「教育哲学の課題――現代教育の課題と関連させて」『教育哲学研究』第二九号、教育哲学会、一九七四年、一〇―一一頁。

［8］原聡介「教育思想における政治と教育――フランス啓蒙主義を中心に」『教育哲学研究』第三五号、教育哲学会、一九七七年、二五頁。

［9］堀内守「教育思想における教育と政治」『教育哲学研究』第三五号、教育哲学会、一九七七年、一八頁。

［10］長井和雄「ドイツ的意味における政治と教育」『教育哲学研究』第三五号、教育哲学会、一九七七年、八頁。

［11］金子光男「政治と教育」『教育哲学研究』第三五号、教育哲学会、一九七七年、一一頁。

［12］上田薫「教育改革における教育哲学の使命」『教育哲学研究』第五三号、教育哲学会、一九八六年、二八頁。

［13］田浦武雄「課題研究についての総括的報告」『教育哲学研究』第五九号、教育哲学会、一九八九年、四三頁。

[14] 今井重孝「システム論の立場から教育哲学を問う」『教育哲学研究』第七一号、教育哲学会、一九九五年、二五頁。
[15] 同論文、二七頁。
[16] 同論文、二三頁。
[17] 同論文、二五頁。
[18] 堀尾輝久「教育研究のあり方を総合的に見直す視点から」『教育哲学研究』第七三号、教育哲学会、一九九六年、四一頁。
[19] 同論文、三八頁。
[20] 高橋勝「技術論から相互関係論へ――〈教師―生徒〉関係の組みかえ」『教育哲学研究』第七五号、教育哲学会、一九九七年、九頁。
[21] 佐藤学「「中間者」としての教師――教職への存在論的接近」『教育哲学研究』第七五号、教育哲学会、一九九七年、四頁。
[22] 討論での佐藤学の発言。今井康雄・田中毎実「研究討議に関する総括的報告」『教育哲学研究』第七五号、教育哲学会、一九九七年、一八頁。
[23] 同前、一九頁。
[24] 田中智志「教師の二重モード――代理審級、事後心象、そして虚構の時代」『教育哲学研究』第七五号、教育哲学会、一九九七年、一五頁。
[25] 討論での田中智志の発言。今井康雄・田中毎実「研究討議に関する総括的報告」『教育哲学研究』第七五号、教育哲学会、一九九七年、一九頁。
[26] 今井康雄・田中毎実「研究討議に関する総括的報告」『教育哲学研究』第七五号、教育哲学会、一九九七年、二一頁。
[27] 森田伸子「出産と性の問題視角から」『教育哲学研究』第六九号、教育哲学会、一九九四年、一〇頁。

[28] 今井康雄「ライフサイクルと時間意識」『教育哲学研究』第六九号、教育哲学会、一九九四年、一六頁。

[29] 土戸敏彦「超越論的批判の視角からみた「ポストモダン」の教育学的位相」『教育哲学研究』第六九号、教育哲学会、一九九四年、五七―七〇頁。

[30] 丸山恭司「ウィトゲンシュタインの言語ゲーム論とその教育的意義――教育論としての言語ゲーム論における「理解」と「知識」」『教育哲学研究』第六五号、教育哲学会、一九九二年、四一―五四頁。

[31] 上地完治「ジルーの批判的教育学に関する一考察――「差異」と公共領域」『教育哲学研究』第七五号、教育哲学会、一九九七年、四七―五九頁。

[32] 野平慎二「現代における人間形成と「美的なもの」――「ポストモダン」と「未完の近代」の間」『教育哲学研究』第七六号、教育哲学会、一九九七年、一二四―一三七頁。

[33] 今井康雄「教育学の「ポストモダン」体験――日本の場合」『教育哲学研究』第八一号、教育哲学会、二〇〇〇年、一二―二三頁。

[34] 早川操「ポストモダン時代における人間形成理論と教育改革論の展望――「自己の境界線を越える行為」の意義を探る」『教育哲学研究』第八一号、教育哲学会、二〇〇〇年、一二頁。

[35] 同論文、一三頁。

[36] 同論文、一四頁。

[37] 鈴木晶子「合わせ鏡としてのモダン／ポストモダン」『教育哲学研究』第八一号、教育哲学会、二〇〇〇年、六頁。

[38] 同論文、七頁。

[39] 同論文、一〇頁。

[40] 同論文、八頁。

[41] 同論文、一〇頁。

[42] 増渕幸男・森田尚人「研究討議に関する総括的報告」『教育哲学研究』第八一号、教育哲学会、二〇〇〇年、一

六頁。
[43] 同論文、二一頁。
[44] 谷川彰英「関心・実践・哲学――哲学的探求における実践の意味」『教育哲学研究』第四七号、教育哲学会、一九八三年、一八頁。
[45] 同論文、二〇頁。
[46] 村田昇「研究討議に関する総括的報告」『教育哲学研究』第四七号、教育哲学会、一九八三年、二二頁。
[47] 齋藤直子・西平直「研究討議に関する総括的報告」『教育哲学研究』第九五号、教育哲学会、二〇〇七年、二四頁。
[48] 小野文生「教育哲学の零度――未来の想起と過去の予感とのあいだで」『教育哲学研究』第九七号、教育哲学会、二〇〇八年、五九頁。
[49] 田中毎実「教育哲学の現実構成力について」『教育哲学研究』第九九号、教育哲学会、二〇〇九年、三一頁。

後書き

この本では、普通、後書きに書かれるようなことは前書きに書いてしまったので、ここで語るべきことはあまり残ってはいない。一つ、あるとしたら、冒頭で書いた富山での同僚の父君のエピソードの後日譚。――同じく高校の教師だった自分の父はどう思っていたのか気になって、その後、帰省した折に尋ねてみた。「実は同じようなことを感じていたけれど、お前があんまり純粋に意気込んでいたから、水を差すのもよくないか、と思った」という答えだった。――今は、この父の判断に感謝している。本書の中でも何度か触れた「近代教育批判」を受けとめて、にもかかわらず「教育」をポジティブに語ろうとする構えが自分にあるとしたら、それは、戦後の信州教育を教師として生きた（今でも「木村素衞先生」の名前を畏敬の念をこめて口にする）両親の姿を見てきたからであり、また、かつての「信州白樺派」的な風土と戦後教育との束の間の僥倖のような結びつき（それについては、いつかあらためて書いてみたいと思っている）を体現していた（と、今の私には思われる）故郷での先生方との出会いの故かもしれない、と思う。

まとめてみれば、今更ながら忸怩たる思いにとらわれる、ささやかな仕事ではある。それでも、それができたのは、本書でお名前が登場した、また本書の文脈ではお名前を挙げることはなかった、多くの恩師、先学、職場や学会での同僚、友人、後輩、学生さんたち、そして家族のおかげである。ここで全てのお名前を挙げて感謝を伝えられないことを心苦しく思いつつ、ご寛恕を願えれば幸いである。ただ、前書きで触れたように、私の背中を押して東京大学出版会に紹介してくださった西平直さん、矢野智司さんには、あらためて御礼を申し上げたい。また、本書の編集を担当してくださった後藤健介さんは、単著をまとめるという初めての経験に戸惑いがちな私を、常に過不足のない誠実で的確な言葉でしっかりと支えてくださった。よくある編集者への謝辞というのは、決して儀礼ではなく、やはり書かれるべくして書かれているものなのだな、ということを今回、私は知ることができた。ありがとうございました。

最近、自分はあとどれだけの仕事ができるかをしばしば考える、そういう年齢になってきた。思想史研究でやり残している課題のリストに押しつぶされそうな気分を抱えつつ、自らが直面している状況に対して教育哲学研究者として応答する仕事から、これからも逃げるわけにはいかないと思っている（当面している課題は、奈良女子大学における教養教育の再構築である）。この本は、これまでそうやって仕事をしてきた軌跡であり、オリジナルの論考は、それぞれその都度、具体的な聞き手、読み手を想定したものだった。けれどもこうして一書として上梓すると、今度は、不特定の読者に向けられたものになるわけである。私のつたない思索が、いつか誰かにとって直面する現実の語り直しの契機となる、そんな読み手との出会いに恵まれることを祈りつつ、瓶に封入した手紙を海に流すような気持で、本書を送り出したい。

二〇一三年四月

西村拓生

人名索引

さ 行

た 行

な 行

は 行

ま 行

や 行

ら 行

わ 行

事項索引

あ 行

か 行

さ　行

た　行

な　行

は　行

ま　行

ら　行

著者略歴

西村拓生（にしむら・たくお）

1962 年，長野県生まれ，京都大学大学院教育学研究科博士後期課程中途退学．現在，奈良女子大学文学部教授・教育システム研究開発センター長．主要著書に，『子どもの表現活動と保育者の役割』（竹井史と共著，明治図書，1998 年），『物語の臨界──「物語ること」の教育学』（分担執筆，世織書房，2003 年），*Concepts of Aesthetic Education: Japanese and European Perspectives*（分担執筆，Waxmann Verlag，2007 年），『ハーバート・リードの美学──形なきものと形』（共訳，玉川大学出版部，2006 年），ほか．

教育哲学の現場　物語りの此岸から

2013 年 6 月 24 日　初　版

［検印廃止］

著　者　西村拓生《にしむらたくお》

発行所　一般財団法人　東京大学出版会

代表者　渡辺　浩

113-8654 東京都文京区本郷 7-3-1　東大構内
http://www.utp.or.jp/
電話　03-3811-8814　Fax 03-3812-6958
振替　00160-6-59964

組　版　有限会社プログレス
印刷所　株式会社ヒライ
製本所　矢嶋製本株式会社

ISBN 978-4-13-051325-8　Printed in Japan

田中毎実編　教育人間学――臨床と超越　A5判・四二〇〇円

矢野智司著　贈与と交換の教育学――漱石、賢治と純粋贈与のレッスン　A5判・五四〇〇円

今井康雄著　メディアの教育学――「教育」の再定義のために　A5判・五〇〇〇円

佐藤学・今井康雄編　子どもたちの想像力を育む――アート教育の思想と実践　A5判・五〇〇〇円

田中智志・橋本美保編　プロジェクト活動――知と生を結ぶ学び　A5判・三八〇〇円

田中智志・今井康雄編　キーワード現代の教育学　A5判・二八〇〇円

西平直編　世阿弥の稽古哲学　四六判・三〇〇〇円

西平直編　教育人間学のために　四六判・二六〇〇円

ここに表示された価格は本体価格です.
御購入の際には消費税が加算されますので御了承ください.